PRIX

GUIDES JOANNE

DIEPPE

ET

LE TRÉPORT

PARIS
LIBRAIRIE HACHETTE ET Cie
79, BOULEVARD SAINT-GERMAIN, 79

Prix : 1 franc

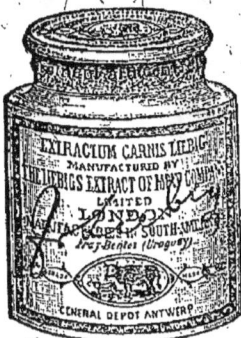

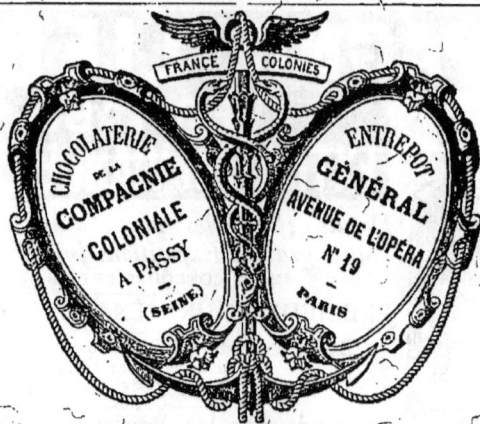

DIEPPE

FABRIQUE PARISIENNE

67, GRANDE-RUE, 67
A DIEPPE

E. GOUTTENÈGRE

Parapluies. — Ombrelles

CANNES

RECOUVRAGES, RÉPARATIONS

MAISON DE CONFIANCE
VENDANT BON MARCHÉ

Ancienne Maison PEUX

LE TRÉPORT

GRAND

HOTEL DE LA PLAGE

OUVERT DU 1er JUIN AU 1er OCTOBRE

VIANEY Frères et MEUNIER, de Paris

PROPRIÉTAIRES

LE SEUL HOTEL SUR LA PLAGE

La plus belle situation du Tréport

MAISON DE PREMIER ORDRE

TRÈS RECOMMANDÉE ET PARFAITEMENT FRÉQUENTÉE

TABLE D'HOTE, RESTAURANT A LA CARTE

LE TRÉPORT

ARRANGEMENTS POUR FAMILLES

NOURRITURE ET CHAMBRE

depuis 6 francs

PAR JOUR

Cidre compris.

HOTEL DE ROUEN

VUE

sur la mer et la Vallée

P. RAVIER, Propr^{re}

RUE DE L'HOTEL-DE-VILLE, 9 ET 11

MERS

(Près LE TRÉPORT)

ÉTABLISSEMENT

HYDROTHÉRAPIQUE

DU

Docteur MICHELLET

OUVERT DU 1er JUIN AU 1er OCTOBRE

Établissement récemment installé et muni des appareils les plus perfectionnés.

DOUCHES D'EAU DE MER

ET D'EAU DOUCE

DOUCHES ÉCOSSAISES

ET

DOUCHES SIMPLES

LIBRAIRIE HACHETTE & Cie

BOULEVARD SAINT-GERMAIN, 79, A PARIS.

PAUL JOANNE

DICTIONNAIRE

GÉOGRAPHIQUE ET ADMINISTRATIF

DE LA FRANCE

ET DE SES COLONIES

Avec gravures, plans et cartes dans le texte et la carte de chaque département tirée en couleur hors texte

AVEC LA COLLABORATION DE

MM. H. BOLAND, J. GUILLAUME, Dr LE PILEUR, A. LEQUEUTRE, THÉODORE NICOLAS, PAUL PELET, ÉLIE RECLUS, ÉLISÉE RECLUS, ONÉSIME RECLUS, ANTHYME SAINT-PAUL, FRANZ SCHRADER, VICTOR TURQUAN, ETC., ETC.

Le tome Ier est en vente aux prix ci-après :

Un volume in-4, broché . . . . 25 fr.
Un volume in-4, relié. . . . . 30 fr.

Le deuxième volume paraîtra en 1892.

CONDITIONS ET MODE DE LA PUBLICATION

Il paraît environ douze livraisons par an, depuis le mois de juin 1888. Chaque livraison grand in-4, même format que le Dictionnaire de la langue française d'E. Littré, protégée par une couverture, contient soit 32 pages de texte (96 colonnes, représentant la valeur d'un volume in-16 de 300 pages), — soit 24 pages de texte et une carte en couleur, soit 16 pages de texte et 2 cartes en couleur. Le prix de chaque livraison est de **UN FRANC**.

DIEPPE

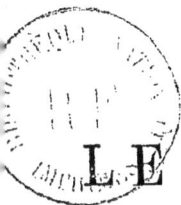

LE TRÉPORT, MERS

ET LE BOURG-D'AULT

RENSEIGNEMENTS PRATIQUES

LE BOURG-D'AULT

Hôtels : — *Saint-Pierre* ou des *Bains* (6 à 7 fr. par j.), près de la plage; — de *France*; — de *Paris*.

Maisons et pavillons meublés : — Sur la plage. Les prix varient de 100 à 300 fr. par mois et de 200 à 1000 fr. pour la saison.

Casino, bains de mer et bains chauds. — Au petit casino (café; jeu de petits chevaux) établi sur la plage, sont joints, outre les cabines des bains de mer, quelques cabinets pour bains chauds. Entrée au Casino : le jour 20 c., la nuit 25 c.

Abonnements au Casino. — 1 pers. : 15 j. 2 fr. 85, 1 mois 4 fr. 80, 2 mois 8 fr. 40, 3 mois 10 fr. 80; 2 pers. : 5 fr. 40, 8 fr. 10, 15 fr. 55, 20 fr. 50; 3 pers. : 7 fr. 50, 12 fr. 65, 22 fr. 15, 28 fr. 50; 4 pers. : 9 fr. 10, 15 fr. 25, 26 fr. 90, 34 fr. 60; 5 pers. : 9 fr. 95, 16 fr. 50, 29 fr. 40, 37 fr.; 6 pers. : 10 fr. 25, 17 fr. 25, 30 fr. 35, 38 fr. 90.

Bains de mer. — Cabine, 25 c.; guide-baigneur, 40 c.; costume complet, 40 c.; peignoir, 25 c.; caleçon, 10 c.; chaussons, 10 c.; serviette, 5 c.; bonnet ciré, 10 c.; bain de pieds chaud, 10 c.; garde du costume, 10 c.; cabine pour domestique, 20 c.; guide-baigneur pour domestique, 30 c.

Bains chauds (eau de mer) : — 1 fr. 25; pour enfant au-dessous de 12 ans, 1 fr.; pour 2 enfants (ensemble), 1 fr. 25.

Voitures publiques : — pour la *gare d'Eu*, 2 fois par jour; — la *gare du Tréport* (en été).

DIEPPE

Buffet : — à la gare maritime.

Omnibus (bureau, rue d'Écosse, 37) : — de la gare aux hôtels ou à domicile, 30 c. le jour, 50 c. la nuit; sans bagages; 60 c. et 80 c. avec bagages.

Hôtels : — *Royal**; — *Grand-Hôtel des Bains**; — des *Étrangers**; — du *Rhin et de Newhaven** (12 fr. par j.); — *Grand-Hôtel de Dieppe** (pension dep. 10 fr. par j.); — *Français*. Tous ces hôtels, situés sur la Plage (rue Aguado), ont leurs chambres ayant vue sur la mer. — Dans les hôtels qui suivent, le prix des repas et des chambres est plus modéré : — *Terminus*, quai Henri IV, près de l'embarcadère des bateaux à vapeur; — de la *Paix*, place du Puits-Salé; — du *Géant* (6 fr. 50 par j.), rue du Chêne-Percé; — de *Paris*, place de la Comédie; — du *Casino*, rue de la Halle-au-Blé; — des *Familles*, rue de l'Hôtel-de-Ville, vis-à-vis des bains chauds; — du *Commerce*, place Duquesne; — du *Chariot-d'Or*, rue de la Barre, 39; — de *Normandie*, rue de la Barre; — du *XIXᵉ Siècle*, rue de la Halle-au-Blé; — du *Soleil d'Or*, rue de Rouen, 4; — du *Grand-Cerf*, rue de la Halle-au-Blé, 16; — d'*Orléans*, place du Marché-aux-Veaux; — de la *Gare*, quai de l'Entrepôt; — de *France*, au Pollet.

Appartements meublés. — On trouve des appartements meublés à louer dans un grand nombre de maisons. Les prix varient suivant la situation, la grandeur et l'ameublement de l'appartement, l'époque de la saison et l'affluence des baigneurs. S'adresser aux agences de locations.

Agences de locations : — M. *Gouel*, Grande-Rue, 134; — *Sanson*, rue de la Barre, 26.

Restaurants : — au *Faisan-Doré*, Grande-Rue, 74; — *Crescent*, Grande-Rue, 90; — *Antheaume*, Grande-Rue, 160; — du *XIXᵉ Siècle*, rue de la Halle-au-Blé, 2, et rue Gosselin, 2; — dans la plupart des hôtels. — Si l'on habite un appartement meublé, on peut se faire apporter, de ces restaurants, ses repas chez soi.

Cafés : — au *Casino*; — *Suisse*, Grande-Rue, 1, et arcades de la Bourse; — de *Rouen*, Grande-Rue, à l'angle de la rue de la Martinière; — des *Tribunaux*, place du Puits-Salé; — du *XIXᵉ Siècle*, rue de la Halle-au-Blé.

Poste, télégraphe et téléphone : — quai Bérigny et à la gare. — Le bureau de poste est ouvert de 7 h. matin en été, ou de 8 h. matin en hiver, à 9 h. soir. Les dimanches et jours fériés, le bureau est fermé à 3 h. Les étrangers qui désirent recevoir leur correspondance à domicile doivent en faire la demande par lettre au directeur des postes. — Boîtes : au casino, Grande-Rue, 81, sous les arcades, etc. — Le bureau du télégraphe est ouvert de 7 h. matin à minuit.

Change de monnaies : — *L. Delarue*, quai Henri IV, 17.

Loueurs de voitures et chevaux : — *Michel*, rue de l'Épée, 37. — *Henrion*, rue Desmarets, 10; — *Mercier*, rue d'Ecosse, 37 (service spécial des omnibus du chemin de fer); — *Prieur*, rue Gambetta; — *Marie-France*, Grande-Rue du Pollet, 150.

Manèges : — *Pellier*, rue de la Grève; — rue Thiers, 7; — *Quenelle, Boudouresque et Cⁱᵉ*, rue Thiers.

Voitures de place. — Stations : à la gare; place de la Bourse; place de la Comédie; rue Claude-Groulard. — Tarif : de 6 h. du matin à minuit, voit. à 2 places, y compris celles qui, en plus, sont munies d'un simple strapontin, la course 1 fr. 25, l'heure 1 fr. 75; voit. à 4 places, la course 1 fr. 50, l'heure 2 fr. De minuit à 6 h. du matin, les prix sont doublés. Il n'est rien dû au cocher pour le retour à la station. Pour les voit. à l'heure, la vitesse devra être calculée à raison de 10 kil. à l'heure (exiger le tarif). En dehors des limites de la ville, les cochers pourront réclamer le prix de l'heure. — Ce tarif n'est pas applicable les jours de courses.

Voitures de remise : — au bureau des omnibus du chemin de fer, rue d'Ecosse, 37. — Une voiture à 4 ou 5 places, à 1 cheval, coûte, en général, 12 à 15 fr. la demi-journée pour Arques et la forêt, 25 et 30 fr. pour le Tréport (retour compris); à 2 chevaux, 35 à 40 fr. la journée (pourboire en plus); le prix d'un break (7 ou 8 places) est à peu près le même; un coupé (3 places) pour Arques coûte 7 fr. (pourboire en plus).

Voitures publiques pour : *Ancourt* (50 c.); — *Bacqueville*, les lundis, jeudis et samedis; — *Berneval*, 2 fois par j. en été; 1 fr. 25; — *Pourville*, à la gare et au café de Rouen; — *Torqueville* (1 fr.); — *Saint-Valery-en-Caux* (4 fr. 50 et 3 fr. 50; lundi, mercredi et samedi) et *Veules*, à l'hôt. de Normandie.

Bateaux de plaisance : — pour les promenades en rivière, au cours Bourbon; — pour les promenades en mer, s'adresser aux pilotes à l'entrée du port.

Bateaux à vapeur pour : — *Newhaven*, avec corresp. du chemin de fer de Newhaven à Londres. Bureau, gare maritime (buffet). Service journalier toute l'année. Service double de jour et de nuit pendant l'été. Départs à heures fixes. Billets simples (comprenant le salaire des stewards), valables pendant 7 j., de Dieppe à Newhaven : 1ʳᵉ cl., 20 fr.; 2ᵉ cl., 14 fr. 40; aller et retour, valables pendant un mois, 33 fr. 15 et 23 fr. 75. De Dieppe à Londres, 1ʳᵉ cl., 28 fr. 75; 2ᵉ cl., 20 fr.; aller et retour (billets valables pendant un mois), 42 fr. 50 et 28 fr. 75. — Les enfants au-dessous de 3 ans sont transportés gratuitement; de 3 à 7 ans, ils payent demi-place. Les voyageurs ont droit à 30 kilogr. de bagages; les billets d'aller et retour mensuels pourront être prolongés moyennant le payement de 10 fr. de leur valeur effectué avant leur date d'expiration.

Casino et bains de mer. — Le Casino et l'établissement des bains de mer sont ouverts du 15 juin au 15 octobre. Prix d'entrée au Casino, sans abonnement : de 6 h. du matin à midi, 50 c.; de midi à 6 h., 1 fr.; de 6 h. à la fermeture, 3 fr.; la journée entière, 3 fr.

L'*abonnement* donne droit à l'entrée aux jardins, galeries, salons de lecture, concerts et bals.

Le salon de lecture est ouvert t. l. j. de 9 h. du matin à 10 h. du soir.

Tarif des abonnements :

Une personne : 7 j., 12 fr.; 15 j., 20 fr.; 1 mois, 35 fr.; saison, 60 fr. — Famille de 2 pers. : 7 j., 23 fr.; 15 j., 38 fr.; 1 mois, 60 fr.; saison, 110 fr. — De 3 pers. : 7 j., 33 fr.; 15 j., 52 fr.; 1 mois, 80 fr.; saison, 160 fr. — De 4 pers. : 7 j., 42 fr.; 15 j., 65 fr.; 1 mois, 100 fr.; saison, 200 fr. — De 5 pers. : 7 j., 50 fr.; 15 j., 75 fr.; 1 mois, 120 fr.; saison, 220 fr. — Chaque personne en sus : 7 j., 10 fr.; 15 j., 15 fr.; 1 mois, 24 fr.; saison, 44 fr.

L'abonnement de famille ne comprend expressément que le père, la mère et les enfants non mariés. — Les entrées sont gratuites pour les enfants au-dessous de 7 ans dont les parents sont abonnés, et pour un domestique par famille d'au moins 3 personnes quand il accompagne ses maîtres abonnés ou les enfants de ses maîtres. — Chaque personne n'a droit qu'à *une seule chaise.*

Théâtre du Casino. — Avant-scènes, 6 fr. par place; loges de face, 5 fr.; loges de côté, 4 fr.; fauteuils d'orchestre et de balcon, 5 fr.; stalles d'orchestre, 3 fr.; secondes, 1 fr.

L'abonnement au Casino ne donne pas droit à l'entrée au théâtre.

Grand cercle. — Nul n'est admis au *Grand cercle* des Bains s'il n'est présenté par deux personnes connues et agréé par le Comité. Les membres des cercles de Paris, de la province et de l'étranger y sont admis de droit. Cotisation temporaire, 20 fr.; pour la saison, 30 fr.

Dans le jardin des bains froids, café-restaurant, cours de danse, *manège* et *salle d'armes.*

Tarif des bains de mer. — *Grands Bains,* en face du Casino (estacade longue de 40 mèt.); bain complet, sans linge, 1 fr. 25; par abonnement de 12 cachets, sans linge, y compris tente, guide et bain de pieds, 14 fr.

Petit établissement, en dehors et à dr. du grand établissement. — Cabine, 25 c.; bain de pieds, 10 c.

Linge : serviette, 15 c.; — peignoir, 25 c.; — serre-tête, 15 c.; — costume complet, 50 c.; — sandales, 15 c.

N. B. — Le pavillon hissé au grand mât qui se trouve à l'entrée de l'établissement indique que l'état de la mer permet de se baigner.

Les *bains chauds* (place de la Comédie), dont le salon est affecté à des bals par invitation, à des concerts donnés par des artistes de passage et par les sociétés locales, sont tarifés ainsi :

Eau douce : bain sans linge, 1 fr. ; bain avec linge, 1 fr. 75 ; bain complet à domicile, 3 fr.

Eau de mer : bain sans linge, 1 fr. 50 ; bain avec linge, 2 fr. 25 ; bain avec linge, à domicile, 3 fr. 50.

Le bain complet comprend 1 fond de bain, 1 peignoir et 2 serviettes, ou 4 serviettes sans peignoir.

Linge : serviette, 15 c. ; peignoir, 25 c. ; fond de bain, 25 c.

La durée d'un bain, y compris la toilette, ne peut excéder 1 h. 15 min. On devra payer double lorsque ce temps sera dépassé.

Hydrothérapie, annexée à l'établissement des bains chauds. — Douche, 2 fr. ; avec massage, 3 fr. ; par abonnement de 6 cachets, douche, 11 fr. ; avec massage, 17 fr. — Bain de siège, 2 fr. ; par abonnement de 6 cachets 11 fr.

MERS

Omnibus : — pour la gare du Tréport.

Hôtels : — du *Casino*, avec café, sur la plage (9 à 12 fr. par j.) ; — des *Bains* (6 à 9 fr. par j.) ; — de la *Plage* (7 à 10 fr. par j.) ; — *Bellevue* (7 à 10 fr. par j.) ; — de *Mers* — Omnibus à la gare du Tréport. — Nombreux appartements garnis.

Appartements meublés : — à louer, nombreux.

Poste et télégraphe : — à la mairie. — Boîte supplémentaire au Casino.

Voitures et chevaux : — à l'hôtel des Bains.

Casino et bains de mer : — Entrée, depuis le matin jusqu'à 6 h. du soir, prix, 25 c. ; après 6 h. du soir (sauf les jours de bals), 50 c. ; la journée entière, 60 c.

Abonnement au Casino. — 1 pers. : 8 j. 4 fr., 15 j. 6 fr. 75, 1 mois 12 fr., 2 mois 21 fr. ; saison 25 fr. — 2 pers. : 7 fr. 20, 12 fr., 21 fr., 36 fr., 45 fr. ; — 3 pers. : 10 fr. 80, 18 fr., 31 fr. 50, 54 fr., 60 fr. ; — chaque pers. en sus de la même famille : 3 fr. 20, 5 fr. 25, 9 fr., 15 fr., 20 fr.

Les abonnements peuvent être suspendus 4 fois par mois pour des fêtes ou des soirées.

Jeux. — Jeu de cartes sous enveloppe, 2 fr. ; 1 fr. 50 le jeu de 32 cartes. Par séance, 50 c. par personne (piquet, whist, etc.).

Bains. — Les bains (de 6 h. du matin à la nuit) sont divisés en bain mixte et bain des hommes. Tente, 30 c.; guide-baigneur, 40 c. (25 c. pour les enfants); costume, 20 c.; peignoir, 15 c.; serviette, 10 c.; bonnet, 10 c.; caleçon, 10 c.; chaussons, 10 c.; bain de pieds chaud, 10 c. — Bain chaud d'eau de mer, 1 fr. 25 (6 fr. 25 par 6 cachets).

Établissement hydrothérapique du docteur Michelet.

LE TRÉPORT

Omnibus : — des hôtels et pour Mers-les-Bains à la gare.

Hôtels : — de la *Plage*, sur la plage ; — de *France*, place de la Jetée; — des *Voyageurs*, près de la Retenue; — de l'*Europe* (10 fr. par j.), rue de la Batterie, près de la plage; — de *Rouen*, rue de l'Hôtel-de-Ville, 9-11; — de *Calais* (de 6 à 7 fr. par j.), dans la ville haute; — du *Commerce*; — des *Bains*, place des Bains.

Appartements meublés : — 4 lits, 200 à 300 fr. par mois.

Restaurants : — aux hôtels de France, de l'Europe et des Bains.

Cafés : — au Casino; — *Parisien*, rue du Quai, 31; — du *Cygne*, du *Commerce*, tous deux sur le quai.

Poste et télégraphe : — place Notre-Dame; bureau ouvert de 7 h. matin à 9 h. soir. Boîte supplémentaire à l'établissement des bains.

Casino et bains de mer : — entrée au Casino, par personne : pour la journée et la soirée ordinaire, 1 fr. 25.

Tarif des abonnements :

Pour une personne : 8 j., 7 fr.; 15 j., 12 fr.; 1 mois, 19 fr.; 2 mois, 32 fr.; la saison, 38 fr.

Famille composée de 2 personnes : 8 j. 12 fr.; 15 j., 19 fr.; 1 mois, 32 fr.; 2 mois, 50 fr.; la saison, 63 fr.

Famille de 3 personnes : 8 j., 15 fr.; 15 j., 25 fr.; 1 mois, 40 fr.; 2 mois, 63 fr.; la saison, 82 fr.

Chaque personne en sus de la même famille : 8 j., 4 fr.; 15 j., 6 fr.; 1 mois, 9 fr.; 2 mois, 15 fr.; la saison, 19 fr.

La location des chaises (une par personne) et la lecture des journaux sont comprises dans le prix d'entrée et d'abonnement. L'administration se réserve le droit d'élever les prix d'entrée ou de suspendre les abonnements (4 fois par mois au plus) pour quelque réunion ou fête extraordinaire. —

Les exercices d'art ou d'agrément se payent en sus. — Les enfants au-dessous de 7 ans et les domestiques accompagnant leurs maîtres ne payent pas.

TARIF DES BAINS DE MER

Pour les adultes :

Cabine, 30 c.; guide-baigneur, 50 c.; costume complet, 70 c.; pantalon et blouse, 40 c.; peignoir, 20 c.; caleçon, 10 c.; serviette, 10 c.; bonnet, 20 c.; chaussons, 20 c.; bain de pieds, 15 c.

Pour enfants au-dessous de 10 ans.

Cabine, 30 c.; guide-baigneur, 30 c.; pantalon et blouse, 30 c.; costume complet, 40 c.; peignoir, 20 c.; caleçon, 10 c.; serviette, 10 c.; bonnet, 20 c.; chaussons, 20 c.; bain de pieds chaud, 15 c.

Médecin-inspecteur : — M. *Coutan*, Grande-Rue, 3.

Établissement de bains chauds et d'hydrothérapie : — *Établissement du docteur Lemarchand*, sur le port; — rue d'Orléans, derrière l'hôtel de la Plage : bain sans linge, eau douce, 1 fr.; eau de mer, 1 fr. 25; serviette, 10 c.; peignoir, 30 c.; fond de bain, 40 c. Douches, depuis 75 c.; par abonnements de 6 cachets, importantes réductions de prix.

Gymnase : — *Cretier*, sur le port.

Loueurs de voitures, de chevaux et d'ânes : — *Manège Duphot* (de Paris), rue de la Retenue (route d'Eu); — café du Commerce, sur le port, 17; — à l'hôt. des Bains; — *Caron*, *Régnier*, rue Suzanne; — *Bléry*, rue des Bons-Enfants. Ordinairement on paye 20 fr. 4 places. — Du reste, on trouve sur le port des loueurs de voitures (à 4 places, 20 fr.), breaks (l'heure, 3 fr.), chevaux et ânes (prix à débattre; 50 c. l'heure en moyenne).

Omnibus : — pour *Eu*, sur le port, près de la rampe de l'église. Ils partent dès qu'ils ont 3 ou 4 voyageurs. Il en part aussi du *café du Commerce*, sur le port, 17 (trajet en 20 ou 25 min.; 30 c.).

Voitures publiques pour : — *Le Bourg-d'Ault* (1 fr. par place).

I

DIEPPE

Situation. — Aspect général.

Dieppe, V. de 22771 hab., ch.-l. d'arr., quartier maritime du sous-arrond. du Havre, est située à l'embouchure de la rivière d'Arques, sur la Manche, entre deux rangs de collines crayeuses, qui forment, à dr. et à g., de hautes falaises blanches.

Elle comprend deux parties distinctes : d'une part, le port, de l'autre côté duquel s'étend le faubourg du Pollet et dont l'entrée s'ouvre à l'extrémité E. de la plage ; d'autre part, la ville proprement dite, agglomérée entre les bassins, les hauteurs du château et la rue Aguado. En dehors de ces limites, s'étendent le *faubourg de la Barre* et les quartiers où sont le cimetière, l'hôpital, la gare du chemin de fer, etc.

La ville, rebâtie après le bombardement de 1694, est moderne. Les rues, larges et bien aérées, sont bordées de maisons sans style, construites en briques pour la plupart et ornées de balcons. Elle offre, surtout pendant la saison des bains, un aspect animé, principalement dans la Grande-Rue, rue de la Barre, sur le port et aux abords de la plage.

Direction.

Aux touristes qui ne font que passer à Dieppe et qui n'y veulent pas séjourner, 2 h. suffisent pour visiter cette ville, où il est très facile de s'orienter.

Au sortir de la gare, on traverse les bassins à flot sur un pont tournant situé un peu à dr. de la gare, et l'on suit le quai Duquesne (à dr.), puis le quai Henri IV, pour gagner la jetée de l'O., d'où l'on ira par la plage au casino et à l'établissement des bains. De l'établissement, on monte par derrière le château sur la falaise (belle vue).

En redescendant au port, on pourra suivre la rue de la Barre et la Grande-Rue, où se trouvent les principaux magasins d'ivoirerie, pour aller visiter les églises Saint-Jacques et Saint-Remi, les seuls monuments vraiment dignes d'une visite.

N. B. — Les touristes qui n'accorderont qu'une seule journée à Dieppe ne devront pas manquer d'aller au château et à la forêt d'Arques ou au phare d'Ailly (*V.* p. 24).

Histoire.

Malgré les débris romains plusieurs fois découverts sur son territoire et l'allégation des chroniqueurs dieppois faisant de Charlemagne le créateur de la ville, Dieppe n'apparaît dans l'histoire qu'au x⁰ s., et à peine en est-il question ensuite, jusqu'en 1195. A cette date, Philippe Auguste, dans ses querelles avec Richard Cœur-de-Lion, surprit Dieppe, la saccagea, emmena les habitants en captivité et brûla leurs maisons et leurs vaisseaux. Au reste, Dieppe perdit à l'annexion de la Normandie, car son port ne servit plus de trait d'union entre les possessions anglaises du continent et la Grande-Bretagne. Philippe de Valois ayant besoin de marins pour accomplir ses projets d'invasion en Angleterre, recruta une partie de sa flotte dans le port de Dieppe même. Au retour d'une audacieuse mais heureuse entreprise qui fut dirigée sur Southampton, les Dieppois eurent une bonne part du butin ; en outre, des lettres patentes leur accordèrent un grand nombre d'exemptions fiscales. La ville, fortifiée à dater de cette époque, prit un accroissement considérable. De marins côtiers, les Dieppois devinrent tout à coup navigateurs au long cours, grâce aux immunités que leur accorda Charles V. On vit, en effet, en 1364, des vaisseaux marchands partir de Dieppe et faire voile, pour la première fois, vers la Guinée et le Cap-Vert, où ils fondèrent un établissement longtemps appelé le *Petit-Dieppe*.

De nouvelles immunités, octroyées par Charles V aux Dieppois, en récompense des services qu'ils avaient rendus au royaume dans le combat naval livré devant la Ro-

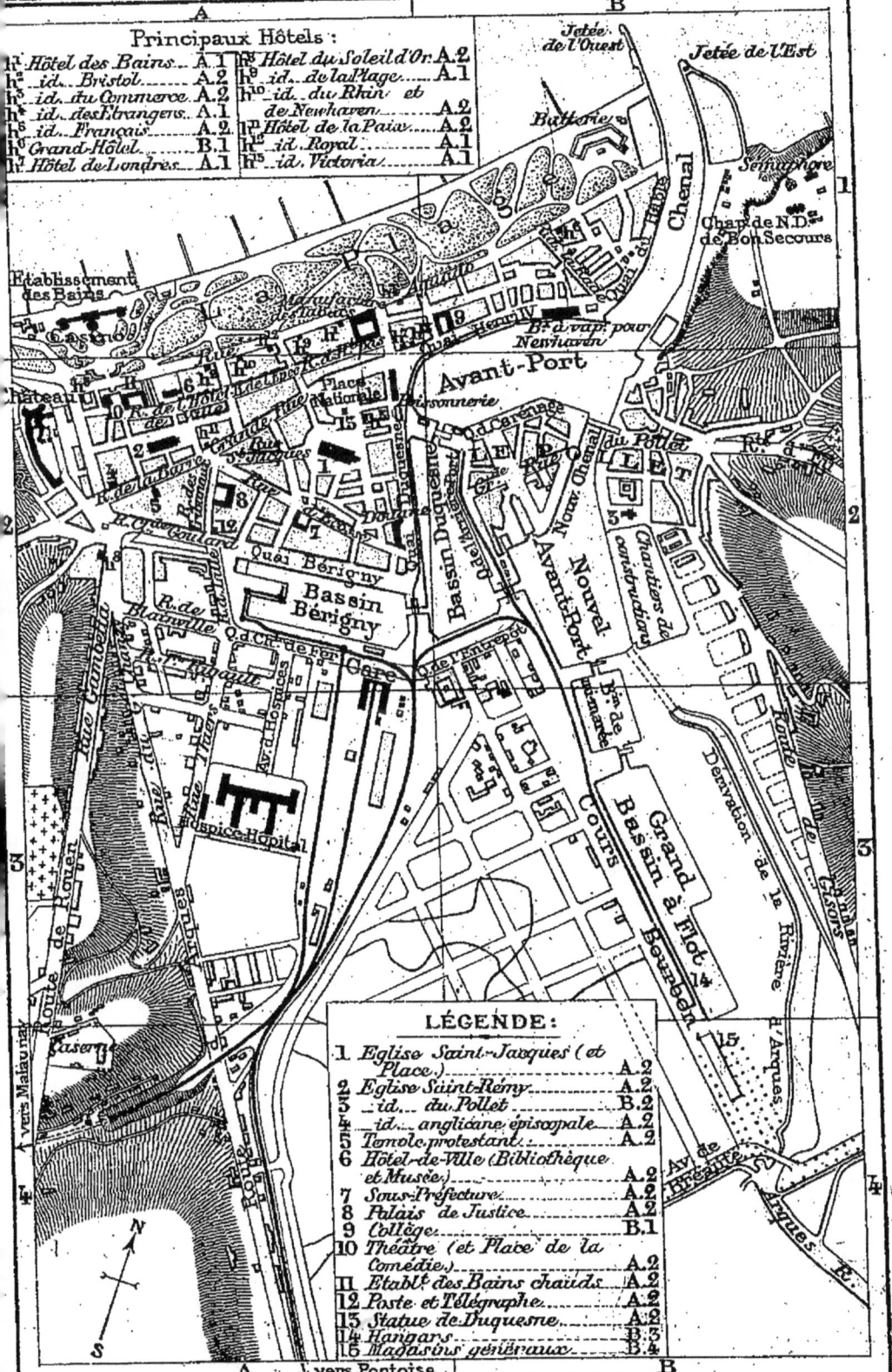

Principaux Hôtels :

h¹ Hôtel des Bains	A.1	h⁸ Hôtel du Soleil d'Or	A.2
h² id. Bristol	A.2	h⁹ id. de la Plage	A.1
h³ id. du Commerce	A.2	h¹⁰ id. du Rhin et
h⁴ id. des Étrangers	A.1	de Newhaven	A.2
h⁵ id. Français	A.2	h¹² Hôtel de la Paix	A.2
h⁶ Grand-Hôtel	B.1	h¹³ id. Royal	A.1
h⁷ Hôtel de Londres	A.1	h¹⁵ id. Victoria	A.1

LÉGENDE :

1. Église Saint-Jacques (et Place) A.2
2. Église Saint-Rémy A.2
3. id. du Pollet B.2
4. id. anglicane épiscopale A.2
5. Temple protestant A.2
6. Hôtel-de-Ville (Bibliothèque et Musée) A.2
7. Sous-Préfecture A.2
8. Palais de Justice A.2
9. Collège B.1
10. Théâtre (et Place de la Comédie) A.2
11. Établᵗ des Bains chauds A.2
12. Poste et Télégraphe A.2
13. Statue de Duquesne A.2
14. Hangars B.3
15. Magasins généraux B.4

Dieppe. — Le port, d'après une photographie de M. Neurdein.

chelle (1372), ouvrirent à la cité, avec le mouvement commercial d'outre-mer, une nouvelle phase de richesses, à laquelle mirent fin les calamités de la longue guerre que la France eut à soutenir contre les Anglais.

Dieppe, recouvrée par les Anglais après la bataille d'Azincourt (1420), fut traitée en rebelle par ses anciens maîtres, parce qu'elle était restée fermement dévouée à la fortune de la France. Elle lutta avec héroïsme, en toute occasion, contre les armées anglaises. En 1435, le chevalier Charles des Marêts, ancien capitaine de la ville pour le roi de France, parvint à la reprendre avec l'aide des habitants. En 1442, Talbot, s'étant emparé du Pollet, construisit sur la falaise une bastille d'où il dominait Dieppe et la canonnait à son gré. Mais, pour triompher de la résistance des habitants, il dut aller chercher des renforts en Angleterre, et, pendant ce temps, le Dauphin (depuis Louis XI) accourut avec 3000 hommes, et réussit à chasser les troupes anglaises et à s'emparer de la bastille, qui fut rasée.

Louis XI, Charles VIII, Louis XII et François Ier accordèrent tour à tour à Dieppe une protection particulière : en peu de temps, elle entreprit de nombreux travaux d'utilité publique, équipa des vaisseaux, accrut son importance par l'heureuse audace de ses navigateurs et de leurs découvertes, par ses expéditions, son commerce maritime et son industrie. Cette nouvelle période de prospérité dura jusqu'aux guerres de religion.

Vers l'année 1557, le protestantisme fit sa première apparition à Dieppe, et se répandit rapidement dans la ville et les campagnes voisines. Lorsque la mort de François II eut laissé aux protestants toute liberté d'action, la population de Dieppe, presque entière, embrassa la religion réformée. Les persécutions religieuses, exercées tantôt par les protestants, tantôt par les catholiques, ne cessèrent qu'après la révocation de l'édit de Nantes (1685) ; elles avaient duré près d'un demi-siècle et causé plus de ravages que la guerre étrangère elle-même.

Les guerres de religion terminées, Dieppe éprouvée, en outre, par la peste qui, de 1668 à 1670, enleva 9000 à 10000 hab., eut à peine le temps de respirer, car, le 17 juillet 1694, une flotte anglo-hollandaise, commandée par l'amiral Barklay, vint la bombarder à l'improviste et la détruisit presque en entier. Trois monuments échappèrent seuls au bombardement : le château, l'église Saint-Jacques et l'église Saint-Remy. Louis XIV favorisa la résurrection de cette ville par toutes sortes d'immunités, mais l'architecte chargé du nouveau plan voulut la reconstruire dans les prairies ; les habitants protestèrent ; le débat dura huit mois, « et ce fut, dit un historien, la perte de Dieppe ». Les bourgeois industrieux, les commerçants, les capitaines au long cours, les ouvriers de marine quittèrent une ville où ils ne pouvaient ni se loger, ni travailler ; l'ancienne métropole du commerce français dans les deux mondes n'est plus, depuis ce temps, que le premier port de pêche de nos côtes. Poussés enfin avec ardeur pendant la paix de Ryswick, les travaux de construction se ralentirent trois ans plus tard, quand la guerre recommença, puis ils furent repris, pour s'achever vers 1720.

La guerre de 1756 fut encore pour Dieppe une époque désastreuse. Son rivage étant le point de débarquement le plus rapproché de la capitale, les flottes anglaises ne cessèrent de croiser devant le port, tant que durèrent les hostilités, et d'inquiéter les habitants par des menaces de bombardement. En 1803, Napoléon releva un moment cette ville du néant. Il avait compris le parti qu'il en pouvait tirer, comme point stratégique, vis-à-vis de l'Angleterre. Il voulait, en outre, faire de Dieppe une rivale du Havre, et donna l'ordre de creuser un bassin large et profond pour recevoir des navires de guerre ; mais, retenu à l'autre extrémité de l'Europe, il ne put réaliser son projet. Depuis, les bains de mer, mis à la mode par la duchesse de Berry, ont rendu à Dieppe une partie de sa prospérité passée.

En 1870, Dieppe, envahie par un corps allemand, fut obligée de payer 1 million à l'ennemi. Actuellement de grands travaux sont en cours d'exécution pour l'agrandissement du port.

Parmi les nombreuses illustrations de Dieppe, nous devons citer : Jean Cousin, qui, à ce que l'on croit, découvrit la côte brésilienne en 1488 ; l'armateur Ango († 1551) ; les navigateurs J. Parmentier, mort à Sumatra en 1530, J. Ribault, massacré en Floride par les Espagnols, en 1565, « non comme Français, mais comme hérétique », et Gabriel Mathieu de Clieu († 1774) ; Abraham Duquesne, une des gloires de la marine française († 1688) ; Dulague, ingénieur hydrographe († 1805) ; Noël de la Morinière, antiquaire, naturaliste et voyageur († 1822) ; le géographe Bruzon de la Martinière († 1749) ; le physicien Salomon de Caus, le premier inventeur de la machine à vapeur († 1630 : il n'est pas sûr qu'il soit né à Dieppe; on l'induit seulement de ce que son frère puiné Isaac, physicien comme lui, y a vu le jour en 1590); les médecins Pecquet, qui découvrit le réservoir du chyle († 1674), et Gelée († 1650); Cousin-Despréaux, naturaliste et littérateur († 1818); le chroniqueur David Asseline († 1703); le bénédictin érudit Le Nourri († 1724); l'abbé Richard Simon, hébraïsant († 1712); le théologien J.-B. de Clieu († 1719); le chroniqueur Guibert († 1784); les jurisconsultes Claude Groulard († 1607) et Houard († 1802), etc. Çà et là, des plaques de marbre rappellent aux passants les lieux où naquirent et où moururent les hommes célèbres et utiles de la cité.

Rues, places, etc.

L'artère principale de la ville est la Grande-Rue, voie vivante, animée, bordée de jolis magasins bien approvisionnés, surtout en ouvrages d'ivoirerie, et sur laquelle s'ouvre la place Nationale (marché; statue en bronze de Duquesne, par Dantan aîné, 1844), encadrée par l'église Saint-Jacques. Cette rue commence sur le quai Henri IV, où se trouvent plusieurs hôtels ainsi que l'embarcadère des paquebots, et près de la Poissonnerie. Le quai de la Poissonnerie, malgré les émanations du marché, est très fréquenté mais populaire; c'est là que se trouve la principale station des voitures de place; il est bordé d'une galerie à arcades appelée arcades de la Bourse et sous laquelle sont divers cafés, cabarets, boutiques, etc.

Le quai Henri IV et a Grande-Rue communiquent par plusieurs rues ou ruelles avec la rue Aguado, bordée sur la plage par la manufacture des tabacs, dont les deux hautes cheminées se dressent à peu près au milieu de cette rue, et par des hôtels magnifiques, depuis le chenal jusqu'aux jardins de l'hôtel de ville, à l'O., près du Casino. A côté du Grand-Hôtel, on remarque une jolie villa de style mauresque et, à l'extrémité de la rue Aguado, une villa en briques décorée de bas-reliefs : c'est la maison Graillon.

Entre la rue Aguado, ou plutôt entre le casino et la rue de la Barre, est la rue Sygogne, qui, avec la partie de la ville située en bas du château, forme un quartier neuf où s'élèvent de beaux hôtels particuliers et des villas (le petit Trianon, Beau-Séjour, etc.). Dans la rue Sygogne on remarque : — à l'angle de la rue de Chastes, une fontaine monumentale (par M. Lorrain), surmontée d'un grand baromètre et appelée fontaine Frosmont, du nom du propriétaire à qui est due la transformation de la rue; — entre le nº 1 et le nº 3, une plaque de marbre blanc indiquant l'emplacement de la maison où naquit, le 20 mai 1822, Victor Langlois, voyageur et orientaliste, † à Paris le 14 mai 1869; — au nº 11 de la même rue, une sorte de castel de style mauresque, avec tour ornée de mosaïques, relié par un pont à une des plus anciennes maisons de Dieppe (1629), qui a été habilement restaurée de nos jours.

De 1880 à 1882, la ville de Dieppe a dépensé près de trois millions de fr. pour s'assainir et renouveler son pavage. Les rues, aujourd'hui propres et bordées de trottoirs en asphalte, sont généralement arrosées par des ruisseaux d'eau vive alimentés par 250 bouches d'eau et qui s'écoulent dans de vastes égouts.

Bains de mer. — Casino.

Ce qu'on appelle la plage comprend non-seulement la bordure de galet et de sable que la mer laisse à découvert deux fois par jour, mais aussi tout le vaste espace (1200 mèt. de longueur sur 200 mèt. de largeur) compris entre la rue Aguado, la jetée de l'O. et le pied de la falaise abrupte qui porte le château et qui domine le casino. Elle est divisée en de grands carrés de gazon ou d'arbustes entourés de grillages et séparés par

des allées. On y découvre une immense vue de mer.

L'étendue occupée par le galet est
divisée en sections par neuf *épis* ou
lignes de pieux (85 mèt. de longueur),
dont un très grand, destinés à protéger la plage contre les érosions
produites par les tempêtes. Ils main-
tiennent comme dans un filet puis-
sant le galet, qui, entraîné conti-
nuellement de l'O. à l'E., irait ob-
struer l'entrée du port. Du côté du
Pollet existe aussi un épi, mais de
moindre importance. Près de la jetée
de l'O., se trouve une batterie; cette
jetée est reliée au casino par un
tramway qui suit la rue Aguado.

Des anciennes fortifications il reste
quelques vestiges de la *tour aux
Crabes*, près de la gare Maritime,
et une porte dite *porte du Port-
d'Ouest*, flanquée de deux tours et
située en face du casino. Cette porte
est curieuse par la différence absolue
de ses deux faces: du côté de la ville,
elle ressemble à une maison moderne; du côté de la mer, à une construction guerrière.

Pendant la saison des bains de
mer, toute la vie de Dieppe se trouve,
à certaines heures, concentrée, pour
les étrangers, sur la plage et dans
l'établissement des bains.

Le **Casino**, dont l'ensemble, en
forme de T allongé, affecte un aspect
oriental, a été augmenté et perfectionné en 1886 d'après les plans de
M. Durville. C'est un vaste édifice
en briques de couleurs et en fer
avec ornementation de carreaux de
faïence émaillés et profusion de vi-
trages. Il est précédé d'une grande
cour d'entrée ornée de parterres, et
séparée de la voie publique par une
grille qu'interrompent quatre pavillons mauresques surmontés chacun
d'un dôme écrasé en zinc ; l'un de
ces pavillons contient le bureau du
contrôle, un second le bureau des
abonnements, les autres des boutiques et des magasins. De ce côté,
le casino présente une partie cen-

trale (16 mèt. de diamètre), de forme
polygonale, affectée aux jeux (petits
chevaux), et surmontée d'une galerie.
Du côté de la mer, cette partie centrale est flanquée de deux tours
carrées (21 mèt. ; belle vue) avec
escalier intérieur. Contre cette salle
et entre les deux tours existe un orchestre dont le fond est formé par
une grande glace et qui est couvert
par une grande marquise ornée d'une
frise semi-circulaire peinte par G.
Massias sur faïence émaillée d'O. Mi-
let, accessible aux visiteurs. A dr. et
à g. de la salle des jeux s'étend une
galerie vitrée, à un étage sur rez-de-
chaussée. La galerie de dr. est affectée au café, au restaurant et à un
promenoir; celle de g., à un théâtre
enfantin, à un promenoir et à la salle
des billards. À l'E. de la première,
une aile contient une salle de lecture et un restaurant avec cabinets
particuliers; à l'O. de la seconde,
une autre aile est consacrée au
baccarat et aux jeux proprement
dits.

Au S. du pavillon central et dans
son axe est le grand salon des Fêtes,
avec orchestre au fond, dont la façade
est encadrée par deux tours munies
d'un escalier extérieur. Le plafond,
peint par M. Mathon, figure un vé-
lum tendu sous le ciel; des compartiments peints en camaïeu l'accompagnent. Dans les angles du plafond
sont les armoiries de Dieppe, Paris,
Rouen et du Havre. Aux deux tiers
de la hauteur court une large galerie
à balustres. Du côté de la mer, règne
une terrasse large de 30 mèt. sur 400
de longueur. Une tente (200 mèt. sur
10) permet d'y contempler le spec-
tacle sans cesse varié de la mer.

Dans le jardin, dessiné par M. Cam-
pion, près du cabinet de l'inspecteur
général, se trouvent un pavillon où
le médecin-inspecteur reste en per-
manence, un théâtre de marionnettes
et des chevaux de bois.

De la terrasse on descend par de
larges escaliers sur la plage propre-

Dieppe. — Le Casino et la Plage, d'après une photographie de M. Neurdein.

ment dite, où sont rangées les tentes. Il existe deux sections de bains de mer : la première, destinée aux abonnés du casino, s'étend en face de l'édifice; le deuxième, au public, à dr. Dans l'une et l'autre, on trouve bains pour dames, bains pour hommes et bains mixtes. On se baigne sur les galets à marée haute, sur les galets et sur un fond de sable, à marée basse.

Les promeneurs arrivant par les trains de plaisir pour passer une journée à Dieppe peuvent se procurer au casino des billets d'entrée valables pour une journée.

Au pied des hauteurs du château sont un gymnase national civil et militaire, un tir public, le club nautique et d'élégants chalets.

Un manège est dirigé par M. Pellier, qui accompagne souvent les caravanes de promeneurs.

En été, les fêtes se succèdent à Dieppe: comice agricole et courses du comice, tir aux pigeons, concours de gymnastique, joutes du club nautique, grandes régates, concours de tir et grandes courses.

Un *établissement de bains chauds* d'eau de mer et d'eau douce, avec hydrothérapie et piscines, dépendant du casino, est situé rue de l'Hôtel-de-Ville, en face du théâtre.

Édifices religieux.

Il y a eu à Dieppe deux églises sous l'invocation de saint Remi. La première, contemporaine de la ville primitive, était bâtie sur la côte; elle a disparu pour faire place au château, auquel elle a légué une grande tour carrée (XIVe s.) qui, fondue avec celles du château, ressemble de loin à un donjon. L'église **Saint-Remi** actuelle, commencée en 1522, fut achevée en 1540. Gravement endommagée par le bombardement de 1694, elle fut maladroitement restaurée vers 1700. Elle offre un mélange assez lourd du style go-

thique et du plein cintre moderne. La façade principale a été restaurée en 1862-1863. Son triple portail, du règne de Louis XIII, devait être flanqué de deux tours dont une seule a été exécutée. Le joli portail du croisillon S. date de la fin du XVIe s.

Le style ogival, mais fort lourd, domine à l'intérieur. Le chœur, exécuté de 1522 à 1531, aux frais du riche bourgeois Thomas Bouchard, est surtout curieux par ses colonnes massives et l'ornementation de leurs chapiteaux.

DÉAMBULATOIRE (de dr. à g.). — Sur la 1re colonne, à g., longue épitaphe du XVIe s. autour de laquelle on distingue des traces de peintures. — Dans la chapelle avant l'abside, grande Vierge, peinte et dorée (XVIIe s.). — *Chapelle* (absidale) *de la Vierge*, fort grande, de la fin du XVIe s.; sur les côtés, de charmantes niches avec pinacles sculptés à jour. Des deux côtés de l'autel, sous des arcades de style Renaissance, se trouvent, à dr. le tombeau, avec épitaphe, de la famille de Sygogne, à g. celui d'Emar de Chastes et de Philippe de Montigny, tous anciens gouverneurs de Dieppe. On remarque encore dans cette chapelle le beau *retable* (XVIIe s.) à statues et un vitrail (1891) par Boulanger de Rouen représentant la Vie de saint François d'Assise. — Chapelle suivante : sur l'autel, *Ange gardien*, peinture du XVIIe s., œuvre de Lemarchand, de Dieppe; à g., *tableau* de l'école de Poussin. — Charmante fermeture (murée) de chapelle, avec balustres à jour en pierre (XVIe s.).

CROISILLON G. — Sur la paroi, à g., *Jésus au Jardin des Oliviers*, tableau exécuté avec des rognures de laine et œuvre de Cathelouze.

BAS-CÔTÉ G. — Chapelle de N.-D. de Bon-Secours : *Nativité* (XVIIe s.). — 1re: fonts baptismaux en pierre sculptée dans le style du XVIe s.

On remarque aussi : quelques scul-

Dieppe. — Église Saint-Jacques, d'après une photographie de M. Neurdein.

ptures de la Renaissance à côté de la sacristie; des vitraux modernes, par M. Lusson (les *Prophètes* et les *Évangélistes*); le *trésor*, orné des statues des neuf Muses, et le *buffet d'orgues*, en chêne sculpté (1737-1740).

L'église Saint-Jacques (restaurée en 1877-78), le joyau d'art de la ville, présente toutes les variétés du style ogival. Le transept, dont chaque bras est terminé par une grande rosace et un portail, appartient à la seconde moitié du XII° s. Le chœur, la nef et les bas-côtés sont du XIII° s., sauf le grand portail, les voûtes et les galeries de la nef, qui datent du XIV° s., les parties hautes du chœur, du XVI° s. Les *chapelles* de la nef et du chœur sont du XV° s., sauf celles *des Noyés* et *de la Compassion* (XII° s.), au transsept, celles qui forment le rond-point de l'église (XVI° s.) et la *chapelle* ou *passage des Sibylles* (Renaissance) ou des fonts baptismaux, dont les douze niches sont vides de leurs Sibylles.

Le triple *portail O.* est orné de statues mutilées. Au-dessus de la porte principale on remarque une charmante galerie, également du XIV° s. La rose est magnifique. Un triangle, dissimulant le mur du pignon et surmonté d'un ange, encadre un cercle de trèfles et de quatrefeuilles très bien exécutés. Le portail est flanqué, à dr. et à g., de contreforts sculptés et terminés en tourelles, ornées de niches et de statues, et surmontées par une plate-forme qu'entourent des gargouilles. Le couronnement en est très gracieux.

A dr. du portail s'élève une belle *tour* (47 mèt. de hauteur), bâtie au XVI° s. et divisée en trois étages. La simplicité des deux premiers, ornés seulement d'ogives à demi aveuglées, contraste avec la richesse du troisième, décoré d'une élégante galerie et d'ornements multipliés. La principale cloche, fondue en 1510, pèse 4000 kilog. A la base de la tour est la chapelle du Saint-Sépulcre (*V.* ci-dessous).

A l'intérieur (jolie galerie à jour ou triforium au-dessus des arcades), le chœur (restauré en 1851-1852) offre une splendide balustrade à jour, du style flamboyant, et 40 *stalles* de chêne, sculptées en 1855, dans le style du XV° s. — Le *buffet d'orgues*, en chêne sculpté, date de 1765; la *chaire*, de 1670.

BAS-CÔTÉ DR. — Dans le bas, *chapelle du Saint-Sépulcre* (1612): admirable balustrade de clôture; saint-sépulcre moderne moulé sur le sépulcre d'Eu (XVI° s.); vitrail (les Anges portant les instruments de la Passion).

POURTOUR DU CHŒUR. — Toutes les chapelles ont été fermées, de nos jours, de clôtures en pierre, ajourées et sculptées dans le style ogival du XV° s. et le style de la Renaissance. La plus remarquable est celle du *Sacré-Cœur* (à dr.), entièrement restaurée par M. Lorrain. La *chapelle de la Vierge* ou *du Rosaire* (à l'abside) est décorée de six niches avec dais sculptés d'une grande beauté (les socles sont ornés de bas-reliefs, malheureusement mutilés) et de verrières par Lusson (1853-1855). — A dr. et à g. de l'entrée de cette chapelle, deux plaques de marbre noir ont été consacrées, l'une à la mémoire de Jean Ango, armateur, vicomte de Dieppe, bienfaiteur de l'église, inhumé en 1551 dans la *chapelle Saint-Yves*, construite par lui et qui lui servait d'oratoire (curieux retable de pierre), et l'autre à la mémoire de Richard Simon (1638-1712), prêtre de l'Oratoire. — Deux autres inscriptions indiquent les sépultures de Geoffroi Hardel, sire de Longueil, capitaine de Pontoise, mort à la bataille de Poitiers, et de Guillaume de Longueil, capitaine de Caen, et de Dieppe, mort à la bataille d'Azincourt.

Le monument consacré au *trésor* (en face de la chapelle du Sacré-

Dieppe. — Le Château, d'après une photographie de M. Neurdein.

Cœur) est décoré extérieurement avec une grande magnificence (dais, niches, dentelles, arabesques, statuettes, semés avec profusion, le tout surmonté d'une frise de figures, de 1530, rappelant les peuples lointains ou Indiens visités ou conquis par les Dieppois du XIVᵉ au XVIᵉ s.). A l'intérieur, il renferme un bel escalier en chêne, sculpté dans le style de la Renaissance.

Bas-côté g. — *Chapelle de Notre-Dame de Bon-Secours* (elle compte trois arcades, et se compose des anciennes chapelles de Saint-Louis et de Sainte-Barbe); trois balustrades en pierre, assez belles; petits vaisseaux et quelques autres ex-voto offerts par des marins.

Nous nous bornons à mentionner : — l'*église* moderne *du Pollet* (1841-1849), en briques, construite dans le style italien et qui contient des peintures murales de Mélicourt-Lefebvre et de Duchesne; — la *chapelle de Notre-Dame de Bon-Secours* (1875; style du XIIᵉ s.; tour avec flèche), but de pèlerinage, située sur la falaise, près du sémaphore; — le *temple anglican* (*All Saints*) de la rue de la Barre; — le *temple protestant français*, dans l'ancienne chapelle des Carmélites, reconstruite en 1736 et à côté de laquelle s'étend un cloître, construit en 1740 dans le style Louis XIII, surmonté d'un dôme élégant et servant aujourd'hui de magasin; — la chapelle anglicane (*Christ church*), rue Asseline.

Édifices civils, curiosités, promenades.

Le **château** (il sert d'annexe à la caserne d'infanterie récemment construite sur la hauteur vers Janval; on ne peut pas le visiter), classé comme poste militaire, a été bâti, en 1435, par les communes du pays de Caux révoltées contre les Anglais, sur le sommet de la colline qui s'élève au-dessus de l'établissement des bains.

Il domine tout à la fois la vallée, la ville et la mer. C'est un carré de bâtiments, flanqué de 4 tours cylindriques et entouré de fossés profonds. Du côté de la terre, il présente à l'angle S.-E. un beau donjon carré, orné, sur chacune des deux faces extérieures, de trois belles et grandes fausses fenêtres accolées. De là part, à l'E. une belle courtine dont le mur est parsemé de pierres saillantes taillées en pointes de diamant; cette courtine aboutit à la porte d'entrée, protégée par une tour ronde. Les restaurations dont il a été l'objet ont fait perdre au château son caractère primitif; toutefois sa position et ses tours lui donnent encore un aspect pittoresque.

En 1874, on voyait encore une porte donnant entrée dans un souterrain passant sous le faubourg de la Barre, qui sépare la vallée de Dieppe de celle de Pourville. Ce souterrain renferme encore les anciens conduits de fontaines qui alimentaient la ville. Long de 2 600 mèt., il est assez large pour que deux personnes puissent y passer de front. Il commence au Petit-Appeville et se termine en haut de la rue de la Barre. L'ancienne canalisation des fontaines (1530) a été remplacée en 1882 par une dérivation en aqueduc (7 kil. de long.), partant de Saint-Aubin-sur-Scie où sont les sources, traversant en galerie le plateau dont il vient d'être parlé et ayant son terminus dans un grand réservoir situé rue Général-Chanzy, près du passage à niveau du chemin de fer.

L'**Hôtel de Ville** (rue du même nom, près de la plage) est un édifice moderne, fort simple, élevé sur l'ancienne résidence des Jésuites. Au-dessus des bureaux et des salles municipales est intallée la **bibliothèque**, au bas de l'escalier de laquelle se voit une statue de Duquesne, en pierre, par Graillon, et qui renferme 25 000 vol. d'œuvres classiques, de voyages maritimes, d'ouvrages d'hydrographie et de cartes publiées par le Dépôt de la marine, ainsi que quelques chroniques manuscrites.

Le **Musée** (rue de l'Hôtel-de-Ville ; ouvert du 1er octobre au 31 mars, les dimanches, jeudis et samedis, de 11 h. à 3 h.; du 1er avril au 30 septembre, jusqu'à 4 h.; pour l'étude, tous les jours excepté les dimanches et lundis, jusqu'à 4 h.) comprend trois salles de tableaux et deux autres salles contenant : un plan en relief de la villa romaine de Sainte-Marguerite (*V.* p. 24), villa dont il existe aussi des débris (marbres et stucs coloriés) et des vues en couleur; un plan en relief de l'enceinte basse du château, représentant les premiers murs des fortifications de la ville ainsi que les soubassements parfaitement conservés de la vieille église Saint-Remy, dont la tour carrée, dite tour des Cloches, fait partie du château actuel (*V.* p. 18). On voit aussi au musée plusieurs antiquités provenant d'Arques, entre autres quatre carreaux émaillés en terre cuite (xve et xvie s.), de nombreux objets antiques découverts dans les environs de Dieppe par M. Féret, auteur d'un plan en relief de la cité de Limes, et par l'abbé Cochet (vases en poterie, outils et armes en silex provenant des fouilles de Saint-Pierre-Epinay, haches de pierre et de bronze, flèches, lances, sabres, poteries gauloises et romaines, urnes de verre, meules à broyer, casque romain, anneaux, fibules, parures, fragments de vases, statuettes en terre cuite, médailles gauloises et romaines, etc.); un cercueil en moellon et 4 croix d'absolution en plomb (xie et xiie s.); un assemblage de pavés émaillés provenant de la maison d'Ango (xvie s.); un fauconneau en fer, trouvé en mer; un canon en fer forgé et cerclé (du xve ou du xvie s.); des fragments des bombes anglo-hollandaises lancées par l'amiral Barklay, les 22, 23, et 24 juillet 1694; une collection de portulans, d'instruments nautiques anciens et d'ivoires dieppois;

une belle collection ornithologique cédée à la ville par les héritiers de M. Josse Hardy, son créateur. Parmi les tableaux, on remarque les toiles suivantes :

1re SALLE. — De dr. à g. : *E. Mathon* Vieilles rues du Pollet. — 81. *École italienne*. Vierge à l'enfant. — *Haquette*. La Bénédiction de la mer. — *De Broutelles*. Barque chalutière. Vue prise de la Retenue. — 78. *École de Ribeira*. Hercule filant.

2e SALLE. — *E. Lepoittevin*. Grande marine (nombreux personnages). — 50. *F. Lemoine* (1688-1737). Tête de vieillard. — 84. *E. Lemaire*. Un rendez-vous (aquarelle). — 35. *Hildebrand*. Navire à la côte. — 39. *E. Isabey*. Grande rue dans un bourg maritime. — 32. *Herbstoffer*. La Boutique de l'armurier. — 64. *Théodore Rousseau*. Les Confitures. — 53. *A. Melicourt-Lefebvre*. Barque de pêcheurs en détresse. — 73. *A. Vollon*. Poissons de mer. — 43. *G. Jundt*. Retour de la fête.

3e SALLE. — De dr. à g. : 40. *Ykens*. Portrait de femme entouré d'une guirlande de fleurs que soutiennent des Amours. — 44. *Lambinet*. Vue de Dieppe. — 20. *A. Defaux*. Soir d'automne. — 55. *A.-L. Morel-Fatio*. Vue du port de Rochefort. — 47. *Lehoux*. Halte de Bédouins. — 67. *École italienne*. L'Enfant-Jésus et saint Jean. — 23. *J. Flouest* (1747-1833). Portrait de l'artiste. — 1, 2. *École italienne; primitive*. Mariage de sainte Catherine; la Vierge et l'Enfant. — 19. *Dubois-Drahonet* (d'après). Portrait en pied de la duchesse de Berri, donné à la ville de Dieppe par la princesse. — 15. *Corrège* (ecole de). Vierge allaitant. — *Ed. de Beaumont*. La Nuit de décembre.

ANNEXE DU MUSÉE (*salle Camille Saint-Saens*), cour des Bains chauds, ouverte en été le lundi de 11 h. à 4 h. et le jeudi de 1 h. à 5 h.; en hiver, le lundi de 11 h. a 4 h. — Meubles, tableaux, sculptures, bronzes, dessins, gravures, livres illustrés, curiosités, autographes, partitions musicales originales.

A dr. de l'hôtel de ville, au fond d'une cour, une maison en briques jaunes et à persiennes vertes, appelée la *maison Quenouille*, du nom de son propriétaire, fut, sous la Restauration, la résidence favorite de la duchesse de Berry.

Le *théâtre* (1826), place de la Comédie, est ouvert toute l'année. — Le *palais de justice* (rue des Tribunaux) occupe l'ancienne chapelle des Minimes (1583).

Le *collège communal* (quai Henri IV), rebâti en 1700, occupe l'emplacement de la *maison d'Ango* (1525), incendiée pendant le bombardement de 1694. La chapelle, restaurée en 1872, renferme un beau tableau de Parrocel.

Une *école d'apprentissage* (rue Lemoyne, 6) pour la dentelle et la couture, compte 40 à 50 pensionnaires et 450 externes. En outre, 45 jeunes filles, appartenant en général à des familles de marins, y sont formées à la fabrication et au « ramendage » des filets. Une salle d'asile y est annexée.

L'*orphelinat de Notre-Dame des Flots* a pour but de recueillir les fils des marins morts en mer. A 13 ans ces enfants sont embarqués sur le vaisseau de l'Etat l'*Inflexible*, où ils complètent leur instruction navale. Le même établissement comprend un orphelinat de jeunes filles et des fourneaux économiques.

A l'extrémité de l'avenue plantée d'arbres qui s'ouvre en face du bassin Bérigny, l'**hospice-hôpital** (1860), vaste établissement construit en briques **avec** cordons de pierre et remarquable par sa situation et ses aménagements intérieurs, mérite la visite des étrangers (s'adresser au concierge, à dr. de la grille d'entrée). Au milieu de la façade principale de l'édifice, en avant de laquelle s'étendent de grandes pelouses avec massifs, la chapelle, construite dans le style du XIIIᵉ s. par M. l'abbé Robert et surmontée de deux clochers ajourés, divise l'ensemble des bâtiments en deux groupes consacrés, ceux de g. à l'*hospice*, qui reçoit des vieillards des deux sexes et les enfants trouvés, ceux de dr. à l'*hôpital* civil et militaire.

A l'extrémité de la rue des Fon-taines se trouve l'établissement céramique de MM. Le Gros et fils, qui mérite d'être visité.

Les promenades de la ville sont : la plage, qui s'étend sur une longueur de 1200 mèt. (*V.* p. 11); — les *jetées* d'où l'on jouit d'un beau panorama (*V.* ci-dessous). — Dans les prairies situées en face de Saint-Pierre, une butte, d'origine inconnue, est appelée *Butte des Salines*.

Le *champ de courses* est situé au S.-E. de la ville, à mi-route d'Arques, au milieu des prairies qui s'étendent sur la rive g. de la rivière d'Arques. Il comprend une piste plate de 1,200 mèt. de long. en ligne droite pour chevaux de 2 ans. La réunion sportive a lieu entre le 20 et le 31 août. Elle dure 3 j., vendredi, dimanche et lundi. La valeur des prix décernés atteint 150 000 fr. Des trains spéciaux transportent le public en face de l'hippodrome.

Port. — Commerce. — Industrie.

Le **port**, le plus sûr et le plus profond de la Manche (le nom de Dieppe vient de *Deppa* : *deep*, profond), occupe le fond de la faible concavité que présente la côte entre l'embouchure de la Somme et le cap Antifer. Il offre une hauteur d'eau de 9 mèt. 97 en vive eau d'équinoxe, et de 7 mèt. 12 en morte eau. L'entrée est formée par deux *jetées* ayant, celle de l'E. 628 mèt., celle de l'O. 685 mèt. de longueur. Entre ces jetées est compris le chenal, à l'entrée duquel se trouve une barre variant de hauteur et de position. Cette barre est entretenue par les bancs de galets fournis par l'érosion des falaises depuis la baie de Seine jusqu'à la baie de Somme; on peut évaluer à 30 000 mèt. cubes la quantité de galets qui passe chaque année devant le port de Dieppe, poussés de l'O. à l'E., c'est-à-dire dans la direction des vents dominants.

Le port se compose de deux bassins à flot, précédés d'un avant-port. L'*avant-port* a 6 hect. 50 ares de superficie et 1018 mèt. de quais : le quai du Pollet, affecté exclusivement au stationnement des barques de pêche, est contigu à la cale du même nom, qui sert à la visite, à la réparation et au chauffage de ces bateaux, tandis que le quai voisin du Carénage est des-

Les falaises près de Dieppe.

tiné à la réparation des grands navires. En face de ce dernier quai, sur l'autre rive du bassin, se développe le quai de la Poissonnerie, où, en aval, stationnent les paquebots faisant le service de Dieppe à Newhaven; en amont, les pêcheurs débarquent leurs cargaisons.

Une écluse fait communiquer l'avant-port avec le *bassin Duquesne* (4 hect.), qui offre 311 mèt. de quais accostables, et qu'une écluse sépare du *bassin Bérigny*, vaste de 3 hect. 60 ares et dont les quais, d'un développement total de 940 mèt., servent au déchargement des bois, des charbons et des fontes.

Un très grand *bassin de retenue des chasses* (36 hect.), s'étendant au S.-E. de la ville, dans la vallée de l'Arques, reçoit les eaux de cette rivière, qui s'y jette par une écluse-déversoir et les déverse à marée basse dans l'avant-port, au moyen d'une *écluse de chasse*, qui suffit à refouler jusqu'à la mer les galets que le flux apporte à l'entrée du chenal. L'écluse de chasse est précédée d'un canal long de 200 mèt. sur 29 mèt. de largeur. La retenue est bordée à l'E. par des *chantiers de construction*; elle communique avec le bassin Duquesne par une écluse.

Des travaux considérables sont actuellement en cours d'exécution pour l'amélioration et l'agrandissement du port. Ce projet comprend notamment l'ouverture d'un chenal à travers le faubourg du Pollet, et la création, dans la retenue des chasses, d'un nouvel avant-port donnant accès à un bassin de mi-marée, suivi d'un bassin à flot, où l'État doit créer un poste de 7 torpilleurs. Ces deux derniers bassins ont été inaugurés le 17 juillet 1887 et livrés à la navigation.

Le port de Dieppe est principalement en relations avec l'Angleterre et les pays du nord de l'Europe. Les objets qui constituent le commerce d'importation sont surtout la houille anglaise et les bois du Nord, débités par les scieries.

Le mouvement annuel du port est, en moyenne, à l'entrée, de 1500 navires jaugeant 468 000 ton., et à la sortie, de 1500 navires et 466 000 ton.

Un *entrepôt réel* des marchandises est établi sur le quai de l'Arrière-Port, près du chemin de fer. La Cie des Entrepôts et Magasins généraux de Paris a fait également construire de vastes magasins près du bassin à flot.

Un feu fixe (6 milles de portée, C. 4e ordre), à l'extrémité de la jetée E., et un feu fixe (D. 4e ordre; portée 10 milles), sur la jetée O., signalent l'entrée du port pendant la nuit. Deux fanaux de marée (C. 4e ordre; 6 milles de portée) sont en outre établis sur la jetée E.

La grande pêche de la morue près des bancs de Terre-Neuve et sur les côtes d'Islande, ainsi que la petite pêche (hareng, maquereau) occupent un grand nombre de bateaux dieppois.

Dieppe est renommé pour ses ouvrages d'ivoirerie, petits chefs-d'œuvre de goût, d'art et de patience, et pour sa dentellerie. Elle possède aussi des scieries à vapeur, alimentées par les bois du Nord, qu'apportent les navires suédois et norvégiens, une *manufacture de tabacs* (1500 ouvriers ou cigarières), et une fabrique de papiers occupant plusieurs centaines d'ouvriers.

ENVIRONS

Les environs offrent aux baigneurs un très grand nombre de promenades et d'excursions intéressantes; nous leur indiquons ci-dessous les principales. Quand aux touristes qui ne consacreront qu'une ou deux journées à Dieppe, ils ne devront pas manquer, après être montés sur les falaises, qui dominent le château, d'aller aux ruines d'Arques et au phare d'Ailly, par Caude-Côte et Varengeville.

Les falaises. — Caude-Côte. — Pourville. — Varengeville. — Phare d'Ailly. — Manoir d'Ango. — Embouchure de la Saâne.

12 kil. env. — Routes de voit. par Caude-Côte et Pourville (route directe; service public) et par Appeville et Hautot (route du Havre et de Saint-Valéry-en-Caux).
N. B. — On peut aller par une route et revenir par l'autre. La promenade de Varengeville, phare d'Ailly, église de Varengeville, manoir d'Ango et retour par Hautot et Appeville-le-Petit, demande 4 h. env. (une voit. à 1 chev., 15 fr.).

Pour monter sur les falaises on peut prendre à dr., à l'entrée du faubourg de la Barre, le *chemin de la Citadelle*, qui s'élève rapidement entre les fossés du château et des jardins, jusqu'à un tourniquet où commence un double sentier. Celui

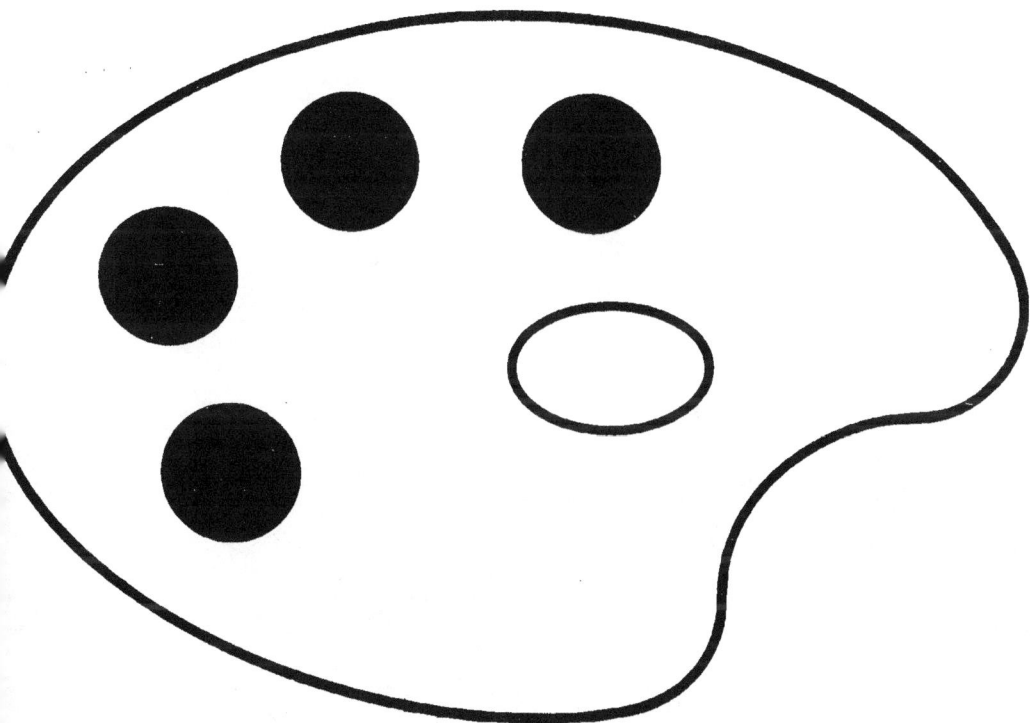

Original en couleur
NF Z 43-120-8

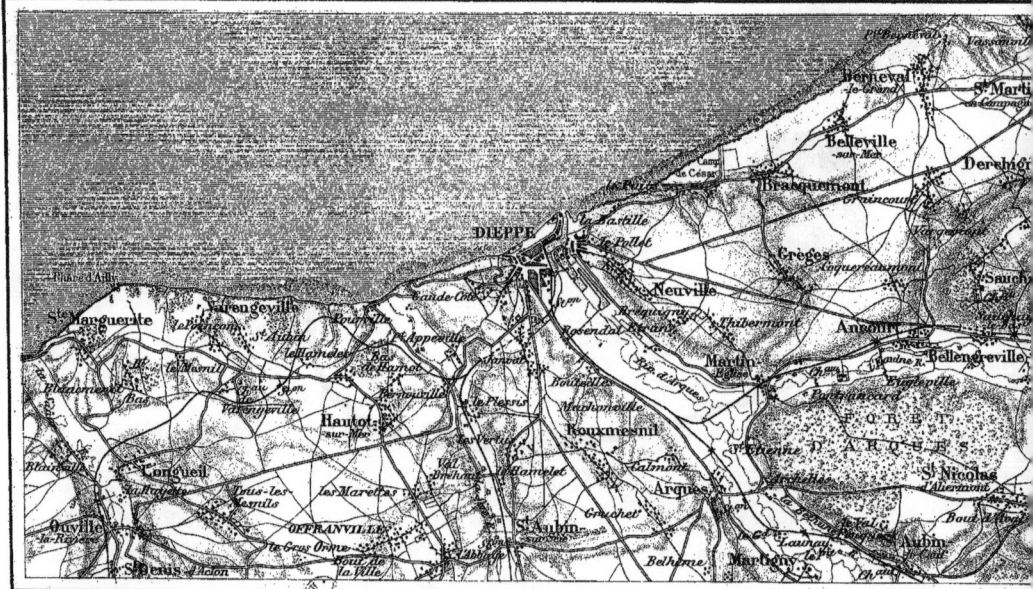

L. Thuillier, Delᵗ

Imp. Hého. Lemercier, 57, rue de Seine.

Echelle :

0   1   2   3   4   5 Kil.

de dr. aboutit au pont pittoresque qui relie le château à ses glacis extérieurs; celui de g. se prolonge sur les falaises. Du haut des falaises, on découvre une très belle vue. Des glacis du château, il faut aller rejoindre à Caude-Côte, la route de voitures qui se détache à dr. de la rue du *faubourg de la Barre* et que bordent de jolies habitations.

A 91 mèt. d'altitude, sur la falaise appelée Caude-Côte, entre le village de ce nom et la mer, s'élevait jadis une chapelle dédiée à saint Nicolas. De ce point, on jouit d'une très belle vue sur la haute mer, surtout au moment du coucher du soleil.

De Caude-Côte, on descend à Pourville, où l'on franchit la Scie, près de son embouchure dans la mer. La Scie, qui se perdait autrefois dans les galets formant au bord de la mer une digue épaisse, coule aujourd'hui dans un lit encaissé et se jette dans la mer par une buse, appareil ingénieux qui s'ouvre de lui-même à la marée basse pour laisser s'écouler les eaux de la rivière, et qui, fermé par la marée montante, empêche alors les eaux salées de se répandre dans la vallée.

4 kil. Pourville*, situé dans une vallée pittoresque, ne se composait guère, il y a quelques années, que d'une vingtaine de cabanes de pêcheurs, affaissées sous leur toit de chaume, au pied d'un coteau couvert d'ajoncs et de bruyères; aujourd'hui on y voit de jolies villas en briques, en partie louées meublées aux baigneurs, un petit *établissement de bains de mer* et un hôtel-restaurant à côté duquel un petit *Casino* renferme une salle de jeu et de petits chevaux, où sont exposées des peintures offertes par les artistes qui forment avec les actrices la principale clientèle de Pourville. — L'*église* a été reconstruite en 1886. — Sur la place s'élève une jolie *croix* en pierre du xvie s.

De Pourville, on gagne Varengeville en remontant un petit vallon

boisé. Parvenu au sommet, on laisse à g. la route de Hautot et on contourne une importante usine de produits céramiques.

Au delà du *château* de M. Schlumberger (dans la propriété jaillissent des sources minérales ferrugineuses) une route à g. conduit au (600 mèt. S.) **manoir d'Ango**.

« Au xvie s., dit M. P.-J. Féret, vivait à Dieppe un homme fameux par ses richesses. Ses vaisseaux naviguaient de toute part. Il fit la guerre pour son compte; il la fit aussi contre les ennemis de l'État. Ce favori de la fortune, que l'on peut comparer, sous plus d'un rapport, à Jacques Cœur, se nommait Jean Ango. Il n'eut pas, comme le ministre des finances de Charles VII, à lutter contre les écueils de la cour, mais il n'en fut pas plus heureux. Il obtint, plus d'une fois, des marques de distinction de la part de François Ier, qu'il avait reçu à Dieppe. Nos chroniqueurs rapportent unanimement qu'un de ses navires marchands ayant été maltraité par les Portugais jaloux, Ango arma une escadre montée de 800 hommes, qui, d'après ses ordres, alla ravager les bords du Tage. Le roi de Portugal députa vers le roi de France pour s'informer de la cause de ces hostilités, et le monarque adressa l'envoyé au fier Ango, pour en recevoir les explications que demandait cette puissance rivale.

« Le roi l'avait nommé capitaine de la ville et du château. Le malheureux Ango, aveuglé par la prospérité, affecta les manières d'un despote.... » Aussi, quand François Ier, son protecteur, fut mort, une ligue se forma contre lui; on lui suscita plusieurs affaires fâcheuses; il fut condamné à restituer des sommes énormes, et tout l'édifice de sa fortune s'écroula.

Le manoir d'Ango (1530-1542), aujourd'hui simple corps de ferme, conserve des granges, des bergeries, un colombier et des murs d'enceinte. Les fossés seuls, maintenant comblés, rappellent une demeure féodale; quant aux autres restes de constructions, ils indiquent que le manoir d'Ango n'était que la villa d'un négociant. Parmi les jolies sculptures qui accompagnent plusieurs portes ou fenêtres, on remarque surtout une suite de médaillons (François Iᵉʳ et Diane de Poitiers). Les murs sont bâtis en blocs réguliers de silex noir et en pierres blanches.

Revenu à la route on continue à la suivre à g.

8 kil. Varengeville, un des plus charmants villages (1065 hab.) du pays de Caux, est situé à 83 mèt., dans une plaine bien cultivée, percé de chemins bordés de haies vives en guise de murailles, et ombragé par de jolies plantations. Entouré de vallons ou de gorges qui descendent jusqu'au bord de la mer et de dunes escarpées, il offre de magnifiques points de vue et de nombreuses villas dont la plus remarquable est celle de M. Amor.

De la mairie de Varengeville une route bordée de haies verdoyantes conduit à dr. (N.) jusqu'à (1 kil. 3 de la Mairie) l'*église* (quelques parties remontent aux XIIIᵉ et XVIᵉ s.), située en vue de la mer, sur le bord d'une falaise taillée à pic et dont la base est sans cesse rongée par l'Océan. Elle domine à dr. la gorge appelée *port des Moutiers*. Le panorama y est fort beau, et l'on voit se dérouler à perte de vue une interminable ligne de falaises. Dans le cimetière, bien entretenu, est une *croix* de pierre très ancienne. — Près du village, sur la falaise la plus avancée, s'élève la *butte du Catelier*, reste d'un camp.

Le phare d'Ailly n'est qu'à 2 kil. de l'église ; on peut s'y rendre à pied en suivant le bord de la falaise.

De la mairie de Varengeville se détachent à g. la route de (3 kil. 9) Sainte-Marguerite (*V.* ci-dessous) et la route du (2 kil. 500 env.) phare d'Ailly. A 700 mèt. en deçà du phare se trouve le *restaurant des Sapins*.

Le **phare d'Ailly** (pour le visiter, s'adresser au gardien ; rétribution), de 1775, s'élève sur les bords avancés d'une falaise, le *cap des Roches*, qui, s'éboulant chaque année, menace le monument d'une destruction iné-vitable. La tour, quadrangulaire, « construite à grandes assises de pierres taillées à facettes et décorées de modillons et de frontons arrondis un peu dans le style Pompadour, » est surmontée d'une plate-forme ronde, au sommet de laquelle (93 mèt. ; belle vue) est installé le phare (de 1ᵉʳ ordre ; tournant à éclipses de 1 min. en 1 min.) qui projette sa clarté à 24 milles (50 kil. env.) en mer. A côté du phare un bâtiment renferme la machine à vapeur qui actionne la *sirène* en temps de brouillard. De plus, une bouée sifflante flotte à 2 kil. en mer. — A 300 mèt. à l'O. du phare, *sémaphore*.

Le phare est séparé par une lande de bruyères (1500 mèt.) de *Sainte-Marguerite*, v. de 368 hab., à l'O. duquel la rivière de la Saâne se jette dans la mer. Le vallon de la Saâne fut le siège d'un des plus riches établissements romains de la Gaule septentrionale. Des fouilles, faites de 1840 à 1847, y ont amené la découverte, dans un monticule appelé la *butte Nolent*, à peu de distance du corps de garde des douaniers, d'une **villa romaine** renfermant une magnifique *mosaïque*, d'un cimetière gallo-romain et de sépultures germaniques.

L'*église* de Sainte-Marguerite offre un vif intérêt. Le portail, la nef du côté g. et les arcades longitudinales appartiennent à l'architecture romane ; le reste date du XVIᵉ s. On remarque, à l'intérieur, le maître-autel, en pierre (XIIᵉ s.), et les fonts baptismaux (Renaissance), dont les sculptures sont originales. — Signalons enfin le charmant colombier du *château de la Tour* (XVIᵉ s.).

Non loin de Sainte-Marguerite, à l'embouchure de la Saâne, se trouve un petit établissement de bains de mer, dits *bains de Quiberville*. De Quiberville, on peut gagner Ouville-la-Rivière en remontant la vallée et en passant par Blainville. — De Sainte-Marguerite on peut aussi aller rejoindre à Ouville la route de Saint-Valery à Dieppe. Dans ce trajet, on passe à *Blancménil-le-Bas*, puis à *Longueil* (645 hab.; vitraux du XVIᵉ s. et *baptistère* du XVᵉ, dans l'église).

Pour aller, par l'ancienne route de voit., à Varengeville et à Sainte-Marguerite, il faut suivre jusqu'en face de Hautot (6 kil.), la route de Dieppe à Saint-Valery, qui, montant d'abord une longue côte, se détache, à dr., de la route de Paris près du cimetière. Elle descend ensuite vers la Scie, qu'elle franchit à *Appeville-le-Petit* (croix du cimetière de 1510), ham. dépendant de la com. de Hautot. C'est à Appeville-le-Petit que commence le tunnel construit au XVIᵉ s. pour conduire à Dieppe les eaux de Saint-Aubin et non loin duquel a été creusé, au XIXᵉ s., le tunnel du chemin de fer.

Quand, après avoir franchi la Scie et gravi le versant O. de la vallée, on est parvenu en face de Hautot, on prend à dr. une route qui se dirige, au N.-O., vers ce village (6 kil. de Dieppe).

[Si l'on voulait aller visiter Offranville, il faudrait prendre, à g. de la route de Saint-Valery, un peu avant le chemin de Hautot, un chemin de voitures qui se dirige vers le S., parallèlement au chemin de fer et à la belle et verdoyante vallée de la Scie. Ce chemin conduit au milieu même du bourg.

Offranville (2 kil. de la route), ch.-l. de c. de 1686 hab., dont les maisons sont disséminées sur une vaste étendue, est situé au milieu de hêtres touffus et élevés, sur les hauteurs de la rive g. de la Scie, à 1500 mèt. O. de sa gare, station du chemin de fer de Rouen à Dieppe. L'*église* (1517-1616) offre, à l'intérieur, des inscriptions, des armoiries et des débris de beaux vitraux. La sacristie renferme des panneaux en bois sculpté, du XVIᵉ s. L'ancienne *chapelle de Sainte-Barbe* (1531-1533), qui sert de sacristie, est remarquable par ses verrières, dont une représente la Création et la Chute de l'homme. Un *if* du cimetière a près de 7 mèt. de circonférence. Le *château*, situé au milieu de fraîches clairières, est précédé de belles avenues.]

Au delà de Hautot, le chemin de Varengeville se détache, sur la dr., de celui de Sainte-Marguerite, qui se dirige vers l'O. Varengeville (*V.* ci-dessus) se trouve à 11 kil. de Dieppe par la route que nous venons de suivre, et Sainte-Marguerite à 13 kil.

Le Pollet. — Puits.— La Cité de Limes. Berneval.

3 kil. 700 jusqu'à Puits. Route de voitures. — Omnibus (place du Puits-Salé, Grande-Rue) en été 4 fois par jour pour Puys. — Voit. publ. 2 fois par j. en été pour Berneval (1 fr. 25); elle suit la route du Tréport jusqu'à Graincourt, où celle de Berneval s'en détache à g.

Il faut 50 min. pour aller à pied à la Cité de Limes par le faubourg du *Pollet* et par la falaise. Presque tous les Polletais vivent des produits de leur pêche et passent la plus grande partie de leur vie en mer.

On gravit, à la sortie du Pollet, la falaise sur laquelle vint s'établir Talbot, lorsque, au XVᵉ s., il fit le siège de Dieppe; cette côte porte le nom de *Bastille*. Des pans de mur et des caves que l'on remarque dans les flancs de la falaise, pourraient bien être les derniers vestiges du fort élevé par Talbot. Laissant à g., au delà de l'emplacement de la bastille (vue admirable), la chapelle de Notre-Dame de Bon-Secours (*V.* p. 18) et le sémaphore, il faut suivre le sentier que bordent les poteaux du télégraphe jusqu'au vallon.

Puits ou *Puys* (2 kil. ed Dieppe, par la plage; le mieux est de s'y rendre à pied par la falaise; maisons meublées à louer; télégraphe) est situé dans une jolie vallée. Il se compose de nombreuses et élégantes villas et d'un immense hôtel, l'*hôtel Bellevue*, construit en terrasse sur le versant de la falaise N. qui, après avoir végété pendant plusieurs années, a été déclaré en faillite et qui tombe maintenant en ruine. Derrière l'hôtel se trouve la vaste propriété de M. Mathias Duval, l'éminent anthropologiste. C'est à Puits que M. Alexandre Dumas fils a construit une villa, dans laquelle son père est mort le 5 décembre 1870. Parmi les autres habitations, on remarque : l'élégant petit castel de M. Turquet, le chalet Carvalho, le château de lord Salisbury et les villas du peintre Flahaut, de M. Rivet, député, de MM. Cacheux, Mulot; la maison normande de M. Hoskier, la propriété Montigny, etc. Une petite *chapelle* gothique moderne, en briques, est desservie pendant la saison. La *plage*, formée de galets et où se trouve un petit établissement de bains de mer, devient, à marée basse, une plage de sable où les enfants peuvent se baigner sans danger. Les rares habitants du hameau, qui, par suite du séjour des étrangers, ont acquis une certaine aisance, se livrent à la culture maraîchère, et le vallon tout entier ressemble à un vaste jardin. Les chaumières ont disparu pour faire place, soit à des chalets, soit à de petites maisons recouvertes en tuiles ou en ardoises, louées pendant l'été aux baigneurs. Des souterrains creusés dans le roc et appelés *goves* servent de caves.

Si, au delà du vallon de Puits, on avance toujours, en se maintenant à g., en vue de la mer, on ne tarde pas à découvrir un long remblai de circonvallation, tout gazonné, dont le pied est bordé, de chaque côté, par un fossé : des monticules ou tombelles sont semés sur ce plateau d'une grande étendue, qu'un vallon divise en deux parties. C'est la Cité de Limes (55 hect.), camp retranché antérieur aux Mérovingiens et peut-être aux Romains et encore habité pendant tout le moyen âge. Il domine directement la mer au N.

[Si l'on ne veut pas revenir à Dieppe par le même chemin, on peut aller prendre la route du Tréport, à 1 kil. de Puits et à 3 kil. de Dieppe. En descendant la longue côte de Neuville, on jouira d'une fort belle vue.]

Les baigneurs de Puits peuvent aller visiter à l'O. la plage de Berneval, en passant par Bracquemont et Belleville. Le chemin de Puits à (1 kil. 8) *Bracquemont* (478 hab.), encaissé entre des haies d'arbres, est une charmante promenade protégée des vents de mer.

4 kil. 2 de Puits. *Belleville-sur-Mer*, 203 hab., offre un beau *clocher* du XIIIᵉ s.; dans un petit vallon conduisant à la mer, le *Fond-de-Belleville*, est une butte antique appelée *la Torniole*.

6 kil. de Puits (8 kil. de Dieppe). **Berneval-le-Grand** (café-restaurant *Au nouveau Robinson*), 567 hab. (*église* du XIIIᵉ s.). Du centre du village descend à dr. un chemin menant dans un vallon où a été créée une station balnéaire qui paraît appelée à devenir prospère. Une route a été tracée sur le versant O. du vallon pour desse r vir les villasconstruites ou en construction à mi-côte. On arrive par un chemin encaissé entre deux talus des falaises à la plage (sable et surtout galet), qui ressemble à la plupart des plages de la côte. On voit aussi à Berneval-le-Grand, une chapelle moderne sans intérêt architectural, un café-restaurant et une grande maison en briques appartenant à une institution.

Arques.

On peut aller à Arques par le chemin de fer, par la route (6 kil.) ou par l'Arques, que forme la réunion de l'Eaulne, de la Béthune et de la Varenne Si l'on préfère la voie d'eau, on trouve au S. de l'ancien cours Bourbon de nombreux bateliers. Les canots descendent le cours de la rivière en 45 min., mais ils mettent 1 h. 15 pour le remonter. Les bords de l'Arques, peuplés d'oiseaux de mer, offrent de jolis paysages. — On trouve, sur le quai et les places de Dieppe, des voitures de louage (prix à débattre).

Les promenades dans la forêt peuvent se varier à l'infini. Une visite à Saint-Nicolas-d'Aliermont intéressera les touristes, qui pourront revenir par Martin-Église et le Pollet.

La route, la plus fréquentée, laisse à dr. le faubourg de la Barre. Longeant ensuite à g. le chemin de fer de Neufchâtel, elle passe devant le *château de Rosendal* (à dr.), puis elle laisse à g. le champ de courses, traverse le ham. de *Bouteilles*, qui dépend de la com. de *Rouxmesnil* (290 hab.), située plus loin, à dr., sur la colline. On remarque à Bouteilles une vieille gentilhommière, nommée *Haqueménouville* (fin du XVIᵉ s.), construite en grès et en caillou noir. Sur tout le parcours de cette jolie route, on aperçoit les vertes prairies qu'arrose la rivière d'Arques.

Un peu au delà de Bouteilles, sur le bord même de la route, à g., et à moitié chemin env. entre Dieppe et Arques, se dresse la *croix de la Moinerie* (XIIᵉ s.).

4 kil. 2. On dépasse à g. la station de Rouxmesnil, située en contre-bas de la route.

La route traverse ensuite le ham. de *Machonville*, habité en grande partie par des jardiniers ou des herbagers. A g. de ce hameau s'étendent les vastes prairies des *Salés*.

6 kil. **Arques** (hôt. : du *Château-d'Arques*; *Henri IV*), b. de 990 hab., est situé dans une charmante vallée, sur la rivière d'Arques, près du confluent de l'Eaulne et de la Béthume (filature de coton). C'était jadis une ville considérable, dont la décadence devint de plus en plus profonde à mesure que la prospérité de Dieppe augmenta. Parmi ses maisons, pittoresquement groupées sur un terrain en pente, on en remarque quelques-unes à pignons.

L'église fut bâtie de 1515 à 1583. A l'angle N.-O. du grand portail (1780), lourd et disgracieux, s'élève le clocher, jolie tour carrée, bâtie dans le style ogival, de 1605 à 1633. Aux angles N.-E. et N.-O. se voient deux dau-phins portant couronne et collier de l'ordre de Saint-Michel. A l'intérieur, la nef est séparée du chœur par un *jubé* en pierre, dont l'escalier (1540) est une gracieuse tourelle en spirale décorée de trois rangs de pilastres ioniques, corinthiens et composites. Le *chœur*, la plus belle partie de l'édifice, fut commencé en 1515 et terminé en 1574.

On remarque dans le chœur la contre-table sculptée du sanctuaire et deux niches de la Renaissance, de chaque côté de l'autel.

Dans la *chapelle de la Vierge*, à g. du chœur, on remarque les élégantes sculptures qui décorent l'autel (bas-relief moderne surmonté de la statue de la Vierge), une piscine et une porte de la Renaissance (1544) ; une charmante boiserie (1613).

Dans la *chapelle Saint-Nicolas*, à dr. du chœur, ont été placés (à dr. dans le bas de la chapelle) sous Louis XIII une inscription commémorative de la bataille d'Arques et un buste de Henri IV. La tradition rapporte que le Béarnais, voulant remercier Dieu de sa victoire et ne pouvant entrer dans le sanctuaire de l'église à cause de sa qualité de huguenot, chanta des psaumes d'action de grâces avec ses coreligionnaires dans cette chapelle, tandis que les catholiques chantaient le *Te Deum* dans le chœur.

Dans le cimetière existe une intéressante *croix* du XVIIᵉ s. Une autre *croix* (1535) se voit à l'entrée du bourg, du côté de Dieppe.

Le bourg d'Arques possédait jadis un *couvent de Bernardines*, qui fut fondé vers 1636 et qui a été transformé en une charmante habitation. Sur la place de la Mairie s'élèvent deux *maisons* curieuses, dont l'une, en pierre et briques, date du XVIᵉ s. (c'est l'ancien baillage), et dont l'autre, en briques (XVIIIᵉ s. ; marbre commémoratif), a vu naître le naturaliste Ducrotay de Blainville (1777-1850).

On monte aux ruines du **Château**

par une rue qui se détache à g. à l'extrémité de la place de la Mairie. Presqu'aussitôt, sur la dr., on trouve un chemin escarpé, où stationnent des marchands de laitage et à l'extrémité duquel apparaissent les débris de l'antique forteresse.

Le château d'Arques fut bâti, vers le milieu du XIᵉ s., sous Guillaume le Conquérant, par Guillaume d'Arques, oncle paternel de ce prince. A peine cette forteresse était-elle terminée, que Guillaume le Conquérant, pour se venger de Guillaume d'Arques qui tramait des complots contre lui, s'en empara et y plaça une garnison : mais, cette garnison s'étant laissé séduire, Guillaume d'Arques rentra dans sa forteresse, et, aidé par les soldats d'Henri Iᵉʳ, roi de France, s'y maintint jusqu'en 1053 ; la famine l'obligea alors de se rendre à discrétion. Guillaume le Conquérant laissa la vie à son oncle ; mais il le chassa de la Normandie et garda pour lui le château d'Arques, où il entretint une forte garnison. « Son fils Robert, n'appréciant pas, dit M. Deville, l'importance de cette forteresse, l'abandonna à Hélie de Saint-Saëns, qui se la vit bientôt arracher par Henri Iᵉʳ, le dernier fils de Guillaume le Conquérant. Henri Iᵉʳ y ajouta de nouvelles fortifications. Après la mort de ce prince, le château d'Arques fut pris par le roi Étienne ; mais bientôt après il se rendit à Geoffroy Plantagenet, gendre et successeur d'Henri Iᵉʳ. Pendant la captivité de Richard Cœur-de-Lion, Philippe Auguste s'était fait livrer le château d'Arques. Devenu libre, Richard essaya vainement de le reprendre, mais il en obtint la cession en 1196, en vertu d'un traité de paix. Jean Sans-Terre ne sut pas le défendre ; toutefois Philippe Auguste ne put pas le recouvrer (1202), car il dut aller au secours de Jean-Arthur de Bretagne. Quand la Normandie secoua définitivement le joug anglais, le château d'Arques rentra sous la domination française. « Les historiens normands, dit M. Deville, ont noté avec orgueil que ce château ouvrit le dernier ses portes aux Français (1204) ».

Cependant la forteresse d'Arques tomba encore une fois, en 1419, au pouvoir des Anglais, qui n'en furent chassés qu'en 1449. A dater de cette époque, l'histoire reste muette pendant un siècle et demi sur le château. En 1589, il devint le théâtre, ou plutôt le témoin d'événements importants. En effet, le gouverneur de Dieppe, Aymar de Chattes, qui tenait pour le roi, l'avait repris par ruse au parti de la Ligue, et le Béarnais, sentant l'importance de cette forteresse, l'avait armée de plusieurs pièces d'artillerie, qui décidèrent du gain de la bataille d'Arques (V. ci-dessous).

Louis XIV enfant visita le château d'Arques en 1648 ; mais cette forteresse était déjà abandonnée, et les Bernardins d'Arques y prirent, au XVIIᵉ s., les matériaux nécessaires à la construction de leur couvent. Au siècle suivant, ce n'était plus qu'une vaste carrière de pierre où tous les habitants du voisinage venaient s'approvisionner. Mises à l'encan, en 1793, les ruines furent vendues pour 8300 livres. Elles allaient être livrées, en 1836, à la Bande-Noire, lorsqu'elles furent heureusement acquises par Mme Reiset, dont le fils les a cédées en 1869 à l'État, qui y a installé un gardien, chargé de guider les visiteurs.

Comme dépendance du château, nous citerons une enceinte appelée le Bel ou le Baile, aujourd'hui couverte de chaumières, et encore entourée d'épaisses murailles. Elle était destinée à recevoir les populations en temps de guerre. On y pénètre par les deux portes du Baile et de Martigny.

« Sur le versant S.-O. de la vallée d'Arques, à quelques kil. de la mer, se détache, a dit Viollet-le-Duc (Dictionnaire raisonné d'architecture, t. III, p. 69), une langue de terre crayeuse qui forme comme une sorte de promontoire défendu par la nature de trois côtés. C'est à l'extrémité de ce promontoire que Guillaume, oncle de Guillaume le Bâtard, éleva une enceinte fortifiée, protégée par des fossés profonds. C'est ici, ajoute-t-il, qu'apparaît tout d'abord le génie normand. Au lieu de profiter de tout l'espace donné par l'extrémité du promontoire crayeux, et de considérer les escarpements et les vallées environnantes comme un fossé naturel, ainsi que l'eût fait un seigneur français, Guillaume d'Arques fit creuser au sommet de la colline un large fossé, et c'est sur l'escarpe de ce fossé qu'il éleva l'enceinte de son château, laissant entre les vallées et ses défenses une sorte de chemin couvert large de 2 mèt., derrière lequel l'assaillant trouvait, après avoir gravi

Château d'Arques.

les escarpements naturels, un obstacle entre lui et les murs du château. Les crêtes étaient d'ailleurs munies de palissades, qui protégeaient le chemin couvert et permettaient de le garnir de défenseurs. Un peu au-dessus du niveau du fond des fossés, les Normands avaient eu le soin de percer des galeries longitudinales, permettant soit de faire de brusques sorties, soit de reconnaître et d'arrêter le travail du mineur qui se serait attaché à la base de l'escarpe. Ce fossé, fait de main d'homme et creusé dans la craie, n'a pas moins de 25 à 30 mèt. de largeur, de la crête de la contrescarpe à la base des murailles. »

L'enceinte intérieure du château (sonner à la porte; pourboire), agrandie au moyen âge, est divisée en deux cours séparées. En avant-corps sont les bâtiments construits par François Ier, flanqués, aux quatre angles, d'énormes tours en briques et en pierre, dont deux défendaient jadis la porte d'entrée. La première enceinte communique avec la seconde (celle du XIe s.) par une porte qui se compose d'un massif percé de trois arcades successives, jadis garnies de herses. L'arcade qui fait face au donjon est surmontée d'un bas-relief moderne représentant Henri IV à cheval. Au pied de la poterne on remarque la trace de l'entrée d'une galerie creusée sous l'enceinte du XIe s.

Quand on a franchi cette seconde entrée, on aperçoit, à l'extrémité d'une pelouse en pente entourée de ruines, le vieux **donjon**, qui remonte en grande partie au XIe s. C'est, d'après l'abbé Cochet, le monument le plus certain de la période normande, car le reste du château paraît des XIIIe, XVe et XVIe s.

Un peu en deçà du donjon, à g., une vieille *tour* renferme un petit appartement (la seule partie habitable des ruines), garni de boiseries avec les portraits de Guillaume le Conquérant, de François Ier, d'Henri IV et de Louis XIV enfant, des poteries, des armes et différents autres objets trouvés dans le château.

Il faut faire extérieurement le tour de la forteresse en suivant la crête des fossés, pour avoir une idée à peu près complète de ce qu'elle était autrefois. On découvre pendant cette promenade de jolis points de vue.

Pour gagner, à la sortie du bourg, la forêt d'Arques ou Martin-Église, on franchit la Varenne et la Béthune, et l'on traverse la vallée en suivant une *chaussée* (ancienne voie romaine) qui conduit à (10 min.) *Archelles*, ham. dépendant du bourg d'Arques. Archelles conserve, dans un jardin, au milieu d'un bouquet d'arbres, un élégant *manoir*, du XVIe s., en briques et en pierres blanches entremêlées. Il est dominé à l'E. par une colline boisée qui sépare la vallée de la Béthune de celle de l'Eaulne et qui fut le théâtre de la célèbre bataille d'Arques, livrée le 21 septembre 1589, comme l'indique une inscription commémorative gravée sur un petit *obélisque* inauguré en 1827 par la duchesse de Berry.

« Le vieux maréchal de Biron, dit Michelet, homme de grande expérience, qui dirigeait tout, était sûr de la résistance par le seul choix de ce camp. Il ne voulut pas que le roi s'enfermât dans une place, et encore moins dans une mauvaise petite place comme Dieppe. Il choisit cet emplacement couvert à dr. par le canon d'Arques, à g. et derrière, par une petite rivière marécageuse, devant, par un bois épais et difficile à passer; le bois passé, on rencontrait une tranchée que fit Biron, en laissant seulement ouverture pour lancer de front cinquante chevaux....

« Mayenne arrive au faubourg de Dieppe, et le trouve peu attaquable. Il se tourne vers le camp, veut passer la petite rivière; il y rencontre le roi, qui l'arrête à coups de canon. Enfin, le 21 septembre, par un grand brouillard, il tente le passage du bois. De vives charges de cavalerie se font par l'étroite trouée. Cependant les lansquenets de Mayenne avaient traversé le bois, touchaient le fossé; là, se voyant tout à coup à trois pas des arquebuses, ils se déclarèrent royalistes; si bien qu'on les aida pour leur faire passer le fossé. Biron, le roi, tour à tour, vinrent et leur touchèrent la main. Il y eut cependant un moment où la cavalerie de Mayenne pénétra jusque dans le camp. Les lansquenets, trop habiles politiques, se refirent Ligueurs à cette vue, tournèrent contre les royalistes. Il y eut un grand désordre. Biron fut jeté à bas de cheval. Un de ces perfides Allemands présenta l'épieu à la poitrine du roi en lui disant de se rendre. Telle était sa force d'âme et sa douceur naturelle, même dans cette extrême crise, que, sa cavalerie survenant pour sabrer le drôle, il dit : « Laissez cet homme-là ».

« Le roi jusque-là n'avait pas fait usage des huguenots; il les tenait en réserve. Il dit au pasteur Damours : « Monsieur, entonnez le psaume ! »

« Le chant des victoires protestantes, qui, dans ce temps, sauva Genève de l'assaut du Savoyard, qui, plus tard, fit les Camisards si fermes contre les dragons, commence par ces paroles :

Que Dieu se lève seulement,
Et bientôt on va voir comment, etc.

« Le fils de Coligny, Châtillon, avec cinq cents vieux arquebusiers huguenots, prit de côté les Ligueurs; les lansquenets furent écrasés et la cavalerie refoulée. Le brouillard, à ce moment, se leva. Le château d'Arques, qui jusque-là n'osait tirer, commença à parler d'en haut; quelques volées de boulets saluèrent l'armée de la Ligue; le soleil avait reparu et la fortune de la France.

« Au moment où Mayenne se décourageait et se retirait, se couvrant d'un régiment suisse et d'une forte cavalerie, Biron s'avisa de lui mettre au dos quelques pièces de canon qui le suivirent de très près, et mordirent dans ce carré quatre cents hommes des meilleurs. Mayenne alors vint à Dieppe. Mais on n'avait plus peur de lui. Sa prudence, ses haltes fréquentes, si contraires au génie français, faisaient l'amusement d'Henri IV. Il se jeta dans la place, et il y parut à la vigueur des coups. Biron, tout vieux qu'il était, sort avec des cavaliers. Mayenne croit pouvoir le couper; mais la cavalerie s'ouvre; deux couleuvrines attelées paraissent et tirent à bout portant. Un corsaire normand (Brisa) avait imaginé la chose; c'était déjà l'artillerie légère du grand Frédéric ».

La forêt d'Arques (985 hect.) occupe le plateau qui domine les val-lées de l'Eaulne et de la Béthune. Elle contient d'assez belles futaies. Grâce aux nombreuses routes qui la sillonnent, elle offre de très agréables promenades.

[D'Archelles on peut gagner (30 min.) Martin-Église, et aller visiter Saint-Nicolas-d'Aliermont. Si l'on va directement à Saint-Martin, il faut suivre, dans la direction du N.-E., la base de collines qui portent la forêt. Si, au contraire, on désire aller visiter Saint-Nicolas, on suit la partie la plus méridionale de la forêt d'Arques, ou bien l'on prend, aux abords de la plaine, la route des *Quatre-Quartiers*, puis à dr. celle de Saint-Nicolas. *Martin-Église*, desservie par une station du chemin de fer du Tréport, est un joli v. de 540 hab., situé dans la vallée de l'Eaulne, que l'on y franchit pour revenir à Dieppe. L'*église*, en partie des XIIe, XIIIe et XVIe s., renferme une Vierge du XIVe ou du XVe s., et la dalle tumulaire sculptée (1466) de Regnault-Orel, en son vivant « curé de Limmes et doyen d'Envermeu ». Au cimetière est une croix de 1535.

Saint-Nicolas-d'Aliermont, 2292 hab., est l'agglomération principale de la contrée appelée *Aliermont*, plateau long de 15 kil. qui s'étend entre la vallée de l'Eaulne et celle de la Béthune, si étroit qu'il n'a en certains endroits que 1000 mèt. de largeur. Une grande rue parcourt ce curieux plateau sur presque toute sa longueur; elle est bordée de maisons, de fermes, d'ateliers : les deux tiers des habitants s'occupent de la fabrication de l'horlogerie, des mouvements de pendules et de lampes, des chronomètres et d'autres instruments de précision. L'Aliermont était une propriété des archevêques de Rouen, à qui il avait été donné, en même temps que Dieppe et Louviers, par Richard Cœur-de-Lion. Ces prélats possédaient jadis à Saint-Nicolas un magnifique manoir (XIIIe s.) dont il ne reste que quelques ogives dans la cour dite *le Mané*. L'*église* offre un chœur du XIIIe s.

Le chemin qui relie Saint-Nicolas à (6 kil.) Martin-Église traverse la forêt d'Arques du S.-E. au N.-O. On peut descendre dans la vallée de l'Eaulne, soit par la *Côte-Blanche* (route rapide et mal entretenue), soit par la forêt en suivant les *routes de la Commission, Henri IV, de la Pyramide* et *du Bivouac*. Le monument commémoratif de la bataille d'Arques se trouve au point de départ de cette dernière route.

La route, qui de Martin-Église descend

la rive dr. de la rivière d'Arques, traverse (2 kil. 1/2 de Saint-Martin) le ham. d'*Étran*, au sortir duquel on aperçoit la ville de Dieppe tout entière. Sur les hauteurs à dr., *Neuville*, 1852 hab., a une vaste église des xvi° et xvii° s., ayant conservé des restes de vitraux (l'un représente un navire du temps de la Ligue). On voit à Neuville une charmante *maison* en pierres et briques remontant au xvi° s. Son territoire produit des choux renommés.

D'Étran, on peut suivre, pour se rendre à Dieppe, soit la route de Bonne-Nouvelle, par laquelle on aboutit dans la Grande-Rue du Pollet ; soit les quais des nouveaux bassins, qui occupent l'emplacement de l'ancien cours Bourbon, soit l'avenue de Bréauté, qui ramène sur la route d'Arques.]

De Dieppe au Tréport.

A. PAR LE CHEMIN DE FER.

45 kil. — Trajet en 1 h. 36 à 1 h. 45.

4 kil. Rouxmesnil (*V.* p. 27). — Le chemin de fer du Tréport se détache à g. de la ligne de Neufchâtel, pour franchir la rivière d'Arques et remonter à l'E. sur la rive g. la vallée de l'Eaulne jusqu'à Envermeu.

7 kil. Martin-Église (*V.* ci-dessus).— On longe à dr. le v. d'*Ancourt*, 483 hab. (à l'église, chapiteaux délicatement sculptés, belles *verrières* et baptistère de la Renaissance ; clocher du xiii° s. ; deux mottes anciennes, l'une près de l'église, l'autre au mont d'Ancourt).

11 kil. 1/2. *Sauchay-Bellengreville*. *Sauchay-le-Bas* (église romane avec crypte et autel en pierre du xi° s.), près de la station, dépend de *Sauchay-le-Haut*, 322 hab. (curieux autel en pierre du xv° s.), à g. sur la hauteur. *Bellengreville* est plus loin à dr., entre la voie et la rivière, ainsi que *Bellengrevillette*. Du même côté, sur l'autre rive de l'Eaulne, joli *château d'Hybouville* (Renaissance).

15 kil. Envermeu (hôt. d'*Aumale*), ch.-l. de c. de 1403 hab., sur la rive dr. de l'Eaulne. De l'ancien *château* il ne subsiste qu'une motte appelée *le Câtel*. On remarque aussi les restes

du prieuré de *Saint-Laurent*, fondé au xi° s.

L'église Notre-Dame est un beau monument du style ogival (xvi° s.). La tour, inachevée, est assez ornementée et percée de belles fenêtres ; on y remarque les statues de saint Pierre, saint Paul, saint Jean et saint André ; elle est terminée par une élégante flèche d'ardoises. Le chœur est admirablement sculpté au dehors. A l'intérieur on remarque des clefs de voûtes délicatement ciselées et un bénitier en pierre sculptée. Sous le transsept, l'abbé Cochet signale dix inscriptions tumulaires ou obituaires du xvi° s., et, dans le cimetière, une *croix* de la Renaissance.

Le ham. de *Brais* possède une *chapelle* de 1264, transformée en grange.

La voie ferrée quitte la vallée de l'Eaulne, pour remonter sur la rive g. le vallon du Bailly-Bec, où se montre à dr. le v. de *Saint-Ouen-sous-Bailly* (259 hab.), et que l'on quitte près de *Bailly-en-Rivière* (730 hab.), pour tourner brusquement au N.

23 kil. *Saint-Quentin*, 156 hab. — A g., *Gouchaupré* (131 hab.) et *Greny* (184 hab.) ; à dr., *Auquemesnil* (329 hab.). On descend dans la jolie vallée de l'Yères.

31 kil. *Touffreville-Criel. Touffreville-sur-Eu* (286 hab.) est près de la station ; mais Criel est à 3 kil. N.-O.

Criel (hôt. de *Rouen*), 1051 hab., b. jadis important, est situé dans la vallée de l'Yères, rivière dont l'embouchure (2 kil. du village) est dominée (rive g.) par une haute falaise, le *mont Criel* ou *mont Jolibois* (104 mèt.; belle vue sur les côtes et le pays voisin). — L'*église* (xvi° s. ; jolies chaire et frises sculptées) a été maladroitement remaniée de nos jours. Le baptistère est une cuve sculptée de la Renaissance, modernisée. — L'hospice occupe l'ancien *château de Briançon* (xvi° s.). — Un peu en amont de Criel se voient des restes de l'ancien *château* baronial *de Baile*.

[Deux chemins conduisent de Criel à la plage : le meilleur est celui de la rive g., qui se détache à dr. de la Grande-Rue au delà du pont de l'Yères. Une passerelle traverse la rivière à son embouchure. Le chemin de la rive dr. passe près du *château de Chanteroine* (1775). On voit près de la plage quelques villas en briques délabrées et les ruines d'un hôtel, restes d'une station balnéaire dont la création fut tentée sans succès. Sur le versant de la rive dr. de l'Yères, on aperçoit un poste de douaniers près duquel passe le sentier conduisant à Mesnil-Val par le haut de la falaise.

En remontant sur la rive g. la jolie vallée de l'Yères en amont de Criel, on rencontre successivement : Touffreville (*V.* ci-dessus), près duquel est la gare de Criel; puis (6 kil.) *Saint-Martin-le-Gaillard*, (9 kil.) *Cuverville* (ruines d'un château; ancienne maladrerie du xv° s.) et (11 kil.) *Sept-Meules*, 213 hab. (chœur de l'*église*, avec boiseries du temps de Louis XIII; dans une prairie, motte de l'ancien château).]

On franchit l'Yères.

35 kil. *Saint-Remy-Bosrocourt*, 596 hab. — Laissant à g. *Étalonde* (336 hab.; dans l'*église*, bénitier de la Renaissance et baptistère en pierre de 1563), on descend vers la Bresle, que l'on croise après avoir passé sur le chemin de fer d'Abancourt et avant de rejoindre cette ligne.

41 kil. Eu, et 4 kil. d'Eu au (45 kil.) Tréport (*V.* p. 39).

B. PAR LA ROUTE DE TERRE
30 kil.

La route, sortant de Dieppe par le Pollet, laisse à dr. Neuville et la route d'Envermeu pour s'élever à 82 mèt. d'altit. A g., dans un pli de terrain, se cache Puits (*V.* p. 25). On passe entre *Grèges* (263 hab.; dans l'*église*, fonts baptismaux du xvi° s.), à dr., et Bracquemont (*V.* p. 26).

8 kil. *Graincourt* (*église* offrant une jolie porte latérale romane et un baptistère du xvi° s.; château d'*Haubersaërt*), ham. dépendant de *Derchigny* (397 hab.; bel autel en mar-

bre dans l'église; *château* bâti par De Clieu, l'importateur du caféier dans le Nouveau-Monde), v. situé à 1 kil. de la route et dont le chemin se détache un peu plus loin à dr. A g., Belleville et Berneval (*V.* p. 26).

11 kil. *Saint-Martin-en-Campagne*, 396 hab. (dans le cimetière, croix du xvi° s.). — 1500 mèt. plus loin, en face de *Brunville* (150 hab.), à dr., et de *Penly* (226 hab.; *église* du xiii° s., remaniée), à g., la route atteint son point culminant (127 mèt.). Elle descend ensuite jusqu'à Criel.

15 kil. *Biville-sur-Mer*, 394 hab., à 1800 mèt. de la mer. — *Église* avec chœur élégant et restes de vitraux du xvi° s. — C'est sur le territoire de cette com., dans un petit ravin solitaire, la gorge de *Parfonval*, appelée depuis gorge de *Pichegru*, que débarquèrent, le 21 août 1803, Georges Cadoudal, Pichegru et plusieurs autres chefs du parti royaliste. Parvenus au sommet de la falaise, ils se tinrent cachés quelque temps dans la ferme de *la Neuvillette*. — En face de la Neuvillette, à dr. de la route, est *Assigny* (349 hab.), dont le petit *château*, jadis fortifié, fut saccagé pendant les guerres de religion par le comte de Montgommery, gouverneur du château de Dieppe.

18 kil. *Tocqueville-sur-Eu*, 218 h. (à l'*église*, deux stalles du xiii° s.).

21 kil. Criel (*V.* ci-dessus, *A*). — La route remonte une vallée étroite, pour atteindre de nouveau les plateaux.

24 kil. *Le Quesnets*, hameau.

26 kil. *Flocques*, 333 hab. (*église*, en partie du xiii° s.; vitrail de 1554). On découvre une belle vue du haut des falaises. — Au ham. de *Mont-Huon*, la route commence à descendre dans la vallée de la Bresle, en décrivant de grands lacets qui contournent le Tréport, à l'entrée duquel on rejoint la route d'Eu.

30 kil. Le Tréport (*V.* ci-dessous).

II

LE TRÉPORT

Le Tréport, V. de 4467 hab., est situé à l'embouchure de la Bresle, qui y forme un port suffisamment abrité. Cette ville se divise en deux parties : la *ville basse*, aux maisons uniformément bâties en briques et couvertes en ardoises, formant plusieurs rues parallèles aboutissant à la plage, que bordent l'établissement des bains, des maisons neuves et de jolis pavillons bâtis près des galets ; la *ville haute*, la plus ancienne, construite dans un petit vallon qui la protège, et se reliant à la ville basse par une rue rapide qui passe sous la porte de l'hôtel de ville, par de larges rampes commençant sur le quai, et par un escalier qui conduit à l'église, assise à mi-côte. De la route d'Eu, en arrivant aux premières maisons, on aperçoit l'église sur la hauteur, au-dessus des toits de la ville. De là elle se présente par le chevet et le flanc N., découpant sur le ciel les pignons de ses chapelles et la masse énorme de sa tour, qui ressemble à un donjon.

Pour bien se rendre compte de cette situation, il faut gravir la falaise qui domine à l'O. l'établissement des bains. Sur cette falaise et sur le *Mont-Huon*, de vastes terrains ont été acquis par une société dite de *Tréport-Terrasse*, qui y a tracé des boulevards. Un grand escalier d'environ 380 marches, qui part de l'extrémité supérieure de la rue Brasseur pour aboutir à un *Calvaire* (1860), donne accès à la basse ville au plateau, d'où l'on jouit d'une vue étendue. En se retournant, on aperçoit au loin Flocques, Étalonde, Saint-Remy-Bosroccurt, Monchy-sur-Eu, le Bois-l'Abbé et la forêt d'Eu. Du côté de la mer, s'étend la longue ligne des falaises, qui s'abaissent au S.-O. pour donner passage à l'Yères, dans la baie de Criel, tandis qu'au N. elles se prolongent jusqu'au delà du Bourg-d'Ault ; plus loin, on découvre la pointe et le bourg de Cayeux.

On arrive aussi sur le plateau par la vieille ville et en passant près de la *ferme Jacquot* (bon lait).

C'est vers le xi⁰ s. que l'histoire commence à s'occuper du Tréport, appelé dans les chartes du moyen âge *Ulterior Portus*, sans doute par comparaison avec le port d'Eu, où la mer remontait alors. — Robert Iᵉʳ, comte d'Eu, y fonda, en 1059, l'abbaye de Saint-Michel, de l'ordre de Saint-Benoît. A la fin du xi⁰ s., Robert Courte-Heuse partit de cette ville avec une armée pour aller combattre Henri Iᵉʳ Beau-Clerc, roi d'Angleterre et troisième fils de Guillaume le Conquérant. A la même époque, le comte Henri détourna vers le Tréport le cours de la Bresle, qui jusque-là coulait au pied de Mers. Au xii⁰ s., Henri II, dernier comte d'Eu de la famille des ducs de Normandie, ayant accordé la liberté de commerce à tous les navires venant à Eu ou au Tréport, contribua puissamment à la prospérité de ces deux villes. En 1475, le comte Charles d'Artois fit commencer le canal dit *canal d'Artois* : c'est la tranchée rectiligne qui, partant de l'extrémité de la Retenue, aboutit à l'ancien lit de la Bresle, sous la ferme de Sainte-Croix. Pendant le xiv⁰ et le xv⁰ s., le Tréport eut fréquemment à souffrir des invasions anglaises. Après l'expulsion définitive de l'étranger, le commerce de cette ville prit un nouvel essor, surtout lorsque le comte François de Clèves fait creuser un bassin pouvant recevoir des vaisseau de 800 ton. et défendu par une tour en grès, démolie vers 1840, et par une jetée en bois. Le duc Henri de Guise protégea la jetee par une forte palissade. Sous ce prince, un simple bourgeois, Charles Meyresse, consacra toute sa fortune à l'amé-

Le Tréport et Mers, d'après une photographie de M. Neurdein.

lioration du port et de l'embouchure de la Bresle. Dans la dernière moitié du XVIIIe s., le duc de Penthièvre, et, dans la première moitié du siècle actuel, le roi Louis-Philippe, qui y reçut deux fois la reine d'Angleterre, ont aussi fait exécuter au Tréport divers travaux, continués sous l'Empire et récemment repris.

L'établissement des bains de mer, bâti en avant de la ville, sur la plage, se compose d'un *casino* en bois, simple rez-de-chaussée comprenant une très longue galerie qui se réunit au besoin au grand salon central (estrade pour concerts). Sur l'emplacement d'une des galeries se dresse à volonté le théâtre, donnant sur le grand salon. Il existe en outre au casino une salle de lecture, un salon de jeu, un café, un billard et des jeux divers. A dr. de la plage est le cabinet du service médical. Les bains se prennent devant le casino à marée haute, sur les galets, à marée basse, sur le sable. L'espace est divisé en 3 parties : à dr., pour les dames seules; au milieu, pour les dames et les hommes qui se baignent ensemble; à g., pour les hommes seuls. La partie de la plage qui s'étend devant le grand salon et les galeries est réservée.

A peu de distance de l'établissement des bains de mer (rue d'Orléans, près de l'hôt. de France), se trouve un *établissement de bains chauds et d'hydrothérapie*. — Un second établissement hydrothérapique s'élève près de la gare.

La plage (galets et sable) est une belle et large promenade, formant terrasse au-dessus de la mer et s'étendant sur plus de 500 mèt. de long., de la jetée de l'O. jusqu'au pied de falaises se dressant à pic. Elle est bordée d'élégantes maisons, bâties en briques (celle du n° 63 est richement ornementée), et, pour la plupart, assez élevées. On y remarque, presque en face du casino, un *pavillon* à pans coupés, composé d'un seul étage sur perrons, construit par les princes d'Orléans pour leur usage personnel et appartenant aujourd'hui à M. Schneider. Vers l'autre extrémité de la plage, à l'angle d'une rue, l'attention est attirée par une maison dont la façade, revêtue de pierre, est bizarrement décorée de statues (la Vierge et un Évêque), de médaillons, de mascarons, etc.

L'église Saint-Jacques a été reconstruite au XVIe s., sur une terrasse à mi-côte de la falaise, qu'il fallut, vers 1365, protéger contre les affouillements de la mer par des digues et des murs de soutènement. Des travaux de dégagement ont été exécutés en 1881. Du côté du port, des rampes, puis un escalier de 73 marches conduisent à l'église, dont les murs extérieurs sont construits en grès et en silex, formant une sorte de mosaïque. Le portail, caché par un porche en grès, œuvre postiche, qui sert de passage entre deux quartiers de la ville, offre un beau travail. C'est une grande ogive encadrant deux portes voûtées en anses de panier, dont les voussures sont ornées de feuilles de vigne, de grappes de raisin, de feuilles de chardon, etc. Les archivoltes sont décorées de deux niches avec dais et socles très élégants. Le pilastre qui sépare les deux portes, et au bas duquel s'appuie un bénitier très ancien, est surmonté d'une statue de la Vierge. Au S. du portail s'élève une tour flanquée de contreforts garnis de crochets. Au sommet, demeuré inachevé et terminé brusquement par un toit écourté, se voient les statues de saint Jean l'Évangéliste et d'un évêque.

L'intérieur, long de 44 mèt. sur 19 mèt. 60 de largeur et env. 15 mèt. de hauteur, se compose de trois nefs sans transsept et d'un chœur. Les *clefs de voûte*, d'un travail extrêmement remarquable, forment, dit l'abbé Cochet, « de gracieux filets découpés en rond ou en carré et adroitement accrochés à la voûte pour dissimuler la nudité de l'appareil, véritables voiles de guipure destinés à cacher l'union des arceaux ». De chacune de ces clefs tombent des pendentifs ornementés. Le chœur, plus bas que la nef, est fermé par une balustrade de pierre ajourée, dans le style du xvie s. Toutes les fenêtres de l'église sont décorées de *vitraux*, par Lusson, parmi lesquels nous signalerons ceux du sanctuaire (l'Adoration des Mages, Saint Jacques le Majeur et Saint Jacques le Mineur); celles de la chapelle de la Vierge (Notre-Dame du Mont-Carmel, l'Incarnation, l'Assomption et l'Immaculée Conception). Les autels, en pierre sculptée, dans le même style que l'église, sont aussi des œuvres modernes. A la voûte du chœur est suspendue une lampe d'argent en forme de navire, ex-voto de la reine Amélie lors du départ du prince de Joinville pour la Vera-Cruz en 1838. Dans la chapelle qui précède celle de la Vierge (1re travée du bas-côté dr.), à g., on remarque, au-dessus d'un confessionnal, une Descente de croix (xvie s.), formant un groupe de petits personnages en bois et surmontant un reliquaire. Dans la 2e travée du même bas-côté se remarque un dais en bois sculpté du xve s. Dans la *chapelle Saint-Nicolas* (à dr. du chœur), se voient une jolie piscine en pierre et trois stalles du xiiie s. La *chapelle de Notre-Dame des Douleurs* (xvie s.), dans le bas-côté g. (belle Marine moderne, ex-voto), contient, sous une arcade surbaissée, une *Descente de croix*, groupe de 6 personnages en pierre; sur l'autel, un bas-relief figure les Symboles des Litanies de la Vierge. — Au-dessus de l'arcade séparant le chœur de la nef, une grande toile moderne représente *Jésus sur le lac de Génézareth*. — Dans l'abside, à g. de l'autel, *Jésus et la Samaritaine*, bonne peinture du xviie s. L'orgue provient de l'abbaye de Lieu-Dieu. — Une *maison* du xve s. sert de presbytère (boiseries finement sculptées).

Le Tréport possède un *temple protestant*.

Une *maison* de l'époque de la Renaissance, en bois sculpté, se voit dans la rue de l'Église, sur le penchant de la colline. — L'*hôtel de ville*, réédifié en 1882, occupe en partie une tour carrée construite en grès et en silex, en 1563, et que traverse un passage voûté.

L'ancienne abbaye de Saint-Michel (V. ci-dessus, *Histoire*), vendue comme propriété nationale en 1791, a été détruite depuis lors par parties. Il n'en reste aujourd'hui qu'un puits octogonal couvert, situé à dr. de l'église Saint-Jacques. Sur son emplacement s'élève l'ancienne *caserne des douaniers*.

Nous signalerons, en outre : le *calvaire* en grès érigé, en 1618, au carrefour de la Grande-Rue et de la rue Suzanne, dans la ville haute (c'est une œuvre de sculpture très appréciée des artistes); — une belle *croix* en fer forgé sur le port; — dans la rue du Bas, quelques vieilles murailles dont la construction est attribuée aux Templiers, qui eurent un établissement au Tréport dès le xiie s.; — enfin la *chapelle de l'hôpital Saint-Julien* (xive et xvie s.), sur la route de Criel.

Le **port** comprend : — 1° le *chenal*, long de 250 mèt., qui forme l'embouchure de la Bresle et qui est resserré entre deux *jetées* dont l'une, celle *de l'Est*, longue de 226 mèt. (elle doit être reconstruite et prolongée de 80 mèt.), porte *un feu rouge* (D. 4e ordre; altit., 5 mèt.; portée, 5 milles), et l'autre, celle *de l'Ouest*, longue de 250 mèt. (elle sera prolongée de 100 mèt.), présente une largeur variant entre 38 et 45 mèt. et porte un *feu de marée* de 4e ordre (altitude, 11 mèt.; portée, 10 milles). La profondeur du chenal est de 5 mèt. 50 en morte eau ordinaire, et de 6 mèt. 75 en vive eau. Un brise-lames a été établi à l'arrière de la jetée de l'Ouest; un autre sera construit à l'arrière de la jetée de l'Est; — 2° l'*avant-port* (4 hect. 1/2), bordé de quais sur 416 mèt. de longueur, dont 387 mèt. sont utilisés par le commerce; le quai Est, récemment terminé, est relié par des rails à la gare du chemin de fer du Tréport à Abancourt; — 3° le *bassin à flot*, dépourvu de murs de quai, mais où l'on trouve quatre appontements en charpente, dont deux sont reliés à cette même gare. Le bassin à flot communique avec l'avant-port au moyen d'une écluse à sas de 8 mèt. de largeur. A l'écluse est accolé un déversoir à clapets au moyen duquel les eaux du canal d'Eu peuvent s'écouler à la mer; — 4° un *bassin de retenue* de 14 hect. servant aux chasses qui préservent le chenal contre l'envahissement du galet. D'importants travaux pour remédier aux difficultés d'accès et à l'insuffisance des quais sont actuellement en cours d'exécution.

Le mouvement du port en 1889 a été de 235 navires et 52 475 ton. à l'entrée, de 356 navires et 70 632 ton. à la sortie. Le Tréport tire principalement son importance de la pêche, à laquelle sont employés 70 à 80 bateaux (400 hommes d'équipage)

ENVIRONS

Criel; Mesnil-Val.

Si l'on ne veut pas aller à Criel (*V.* p. 32) par la route de voitures (service public), qui sort du Tréport par la ville haute en laissant l'église à g., on peut s'y rendre par le haut des falaises. On passe au Calvaire, auquel donne accès le grand escalier (*V.* ci-dessus), puis au *sémaphore* (belle vue), avant de descendre vers un poste de douaniers situé dans la gorge de *Mesnil-Val*. On peut se rendre aussi à Mesnil par un sentier qui se détache à dr. de la route de Criel, au delà de Mont-Huon. Mesnil-Val, où se trouve le restaurant de *la Chaumière*, est un ham. dont les maisonnettes bordent un chemin qui descend vers la mer entre deux talus élevés, puis se transforme en un ravin débouchant sur une plage de galets. On y voit une *chapelle* (propriété particulière) de 1690, offrant à l'intérieur des sculptures sur bois remarquables. On gravit en zigzag le versant opposé, pour descendre de nouveau dans la vallée de l'Yères (*V.* ci-dessus, p. 33), que l'on remonte pour gagner le bourg de Criel. En amont de Criel

on pourrait aller à Sept-Meules et revenir au Tréport par le Mesnil-Réaume et Eu.

Mers.

1 kil. 1/2.

Franchissant, au fond du port, le canal d'Eu à la mer, dans lequel est enfermé le cours de la Bresle et qui sépare le départ. de la Seine-Inférieure de celui de la Somme, on se dirige vers la falaise blanchâtre qui se montre au N.-E.; et l'on passe à côté des chantiers de construction et près de la gare, avant de longer à g. la digue naturelle de galets qui barre l'entrée de la vallée.

Mers, 849 hab., petite station bainéaire, a pris depuis quelques années un grand développement. D'élégantes habitations, un *établissement de bains de mer*, un petit *Casino* en bois avec pavillons de jeux divers (salle de bal et concerts, café, petits chevaux; bains chauds d'eau de mer), de beaux hôtels y ont été construits, et ce village ne tardera pas à se souder au Tréport.

L'*église*, construction du XVe s. (restaurée), bâtie en briques et en galets (clocher moderne), renferme des fonts baptismaux en pierre, du style ogival (piédestal moderne) et un retable donné par Mlle de Montpensier. Du porche on jouit d'une belle vue sur la vallée de la Bresle, la ville et la forêt d'Eu, le Tréport et la mer. — Dans le village, se voit une *croix* en fer supportée par une colonne à chapiteau ornementé. — On monte en 15 min. sur la falaise (belle vue), où s'élève, sur un énorme piédestal en briques, une *statue* dorée de la Vierge appelée *Notre-Dame des Flots*.

Les promeneurs de Mers vont soit au Tréport, soit sur la route d'Eu à la ferme de *Froideville* (beaux ormes) et à la chapelle Saint-Laurent (*V.* p. 44).

Ville d'Eu.

4 kil. — Chem'n de fer et route de voit.; nombreux omnibus, 30 c.; excursion très recommandée.

La route du Tréport à Eu, tracée presque en ligne droite au pied des collines de la rive g. de la Bresle, longe à g. le bassin de retenue, puis l'emplacement de l'ancienne maladrerie de *Saint-Nicolas*, qu'une croix indique seule aujourd'hui, une propriété fermée de grilles faisant partie de l'immense domaine de M. le comte de Paris, et, plus loin, la ferme de *Sainte-Croix de Flamanville*, dont les bâtiments renferment l'ancienne chapelle de *Sainte-Croix du Bois-du-Parc* (XIᵉ s.); cette chapelle, dont la restauration a été achevée en 1882, a été décorée de vitraux et de peintures murales. Presque en face de Sainte-Croix, on décrit une courbe sur la droite en gravissant une côte. De ce côté, on aperçoit, au delà de beaux pâturages, la *ferme du Parc*, annexe du domaine d'Eu, et une partie du bois de ce nom. Cette ferme est située dans un immense *parc* (belle vue de la *terrasse Victoria*). On longe à g. le mur du parc du château d'Eu, à dr. le mur, les haies, puis les talus gazonnés qui limitent les dépendances de la ferme. Un pont sous lequel on passe réunit les deux parties du domaine. Une montée assez rapide conduit à la ville d'Eu, où l'on entre par la rue du Tréport, qui aboutit à la place de l'Église.

4 kil. Eu (hôt. : du *Commerce*; du *Cygne*, 7 fr. 50 par j.; cafés de *Paris, Posière*), où se raccordent les chemins de fer de Dieppe et d'Abbeville, V. de 4989 hab., ch.-l. de c., est située dans la riante vallée de la Bresle, qui formait anciennement la limite de la haute Normandie et de la Picardie.

La ville d'Eu paraît avoir été, pendant la période gallo-romaine, le principal centre de population d'un *pagus* particulier.

Eu a possédé un amphithéâtre, signalé par M. Estancelin, qui a fouillé, en outre, dans le Bois-l'Abbé, sur une colline, au bord de la route de Foucarmont, les restes d'un monument en petit appareil, avec chaînes de briques. Le nom d'Eu pourrait bien être une corruption d'*Augusta*, dont on aurait fait. *Ausia, Auga* ou *Augum*, au moyen âge. Une des preuves les plus certaines de cette assertion, c'est le village d'Aoust (*V.* ci-dessus), peu éloigné de la ville.

Après le traité de Saint-Clair-sur-Epte (912), Rollon fortifia le bourg d'Eu, et construisit dans son enceinte une forteresse assez considérable pour recevoir une nombreuse garnison.

Possédé, de 996 à 1350, par les princes normands et les maisons de Lusignan et de Brienne, ce fief important fut confisqué, après le supplice du comte Raoul II de Brienne, connétable de France, et donné par le roi Jean, en 1352, à Jean d'Artois. Charles VII l'érigea en pairie (1458) en faveur de Charles d'Artois, pairie qui portait le titre de première pairie de France. Après avoir passé successivement entre les maisons de Bourgogne-Nevers et de Clèves, le comté d'Eu fut porté par Catherine de Clèves dans la maison de Lorraine. Acheté par Mlle de Montpensier, il fut abandonné par elle au duc du Maine, comme prix de la liberté du duc de Lauzun. Le prince de Dombes et le comte d'Eu, fils du duc du Maine, étant morts sans enfants, leur cousin germain, le duc de Penthièvre, hérita du comté et habita le château d'Eu jusqu'en 1789. Pendant la Révolution, ce domaine fut séquestré, mais il n'en fut guère aliéné que le bois du Parc, appelé vulgairement la *Garenne du bois du Parc*, et qui n'est séparé du parc que par la route d'Eu au Tréport. Louis XVIII rendit, en 1814, la propriété d'Eu à la duchesse douairière d'Orléans, qui en transmit la possession à son fils, plus tard le roi Louis-Philippe. Celui-ci racheta le bois du Parc, qui depuis a été aliéné de nouveau. Un décret du prince Louis-Napoléon, en date du 22 janvier 1852, réunit au domaine de l'État toute la partie du domaine privé de Louis-Philippe possédée par lui avant le mois d'août 1850 et par conséquent l'ancien apanage des comtes d'Eu, dont le titre est aujourd'hui porté par le fils aîné du duc de Nemours. Mais l'Assemblée nationale a rendu à M. le comte de Paris les biens de son aïeul.

La ville d'Eu reçut en 1150, du comte Jean, une charte de commune, analogue à celle de Saint-Quentin Brûlée entièrement, sauf les églises, en 1475, par ordre de Louis XI, qui voulait empêcher Édouard IV d'Angleterre de s'en emparer; assiégée en vain par les protestants de Dieppe, en 1562, cette ville fut prise par Henri IV le 6 septembre 1589 et reprise huit jours après par le duc de Mayenne. — Elle est la patrie des frères Anguier, célèbres sculpteurs du XVII.e s.

Le **château** (on ne le visite pas, et le parc est fermé) occupe l'emplacement d'une forteresse très ancienne, élevée ou du moins relevée, soit par Charlemagne, soit par ses successeurs, pour arrêter les incursions des Normands. Ceux-ci paraissent en avoir été maîtres en 881. Rollon y perdit la vie, en 925, en essayant de la défendre contre le roi Raoul. Charles le Simple y reçut, en 927, l'hommage du duc de Normandie, Guillaume Longue-Épée. Guillaume le Conquérant, qui y célébra ses fiançailles, s'en empara, en 1049, et y eut plus tard une entrevue avec Harold. D'après une tradition locale, Jeanne d'Arc, allant du Crotoy à Rouen, aurait été enfermée dans la prison de ce château, dite *Fosse aux Lions*. Les constructions primitives furent entièrement détruites en 1475, par un incendie qui dévora une grande partie de la ville. Le comte Jean de Bourgogne y fit alors élever, sur l'emplacement actuel de la chapelle, une maison très ordinaire. Depuis le milieu du XI.e s., les comtes habitaient fréquemment d'ailleurs un manoir situé sur le coteau O. du bois du Parc, et dont Catherine de Clèves employa les débris à la construction de la chapelle du collège.

Le château actuel fut commencé en 1578 par Henri de Guise, le Balafré, d'après les plans des frères Leroy, de Beauvais. Lorsque Mlle de Montpensier en prit possession, en 1661, il n'y avait encore de construit que l'aile dr. et la moitié du corps de logis du fond, donnant sur la Bresle. Mlle de Montpensier fit à Eu de longs et fréquents séjours; elle y reçut plusieurs fois le duc de Lauzun, et ce fut là qu'elle « le marqua de ses ongles », suivant Mme de Fiesque, en lui reprochant l'inconstance de ses affections; ce fut là qu'il s'humilia devant elle jusqu'à traverser toute une galerie sur les genoux en implorant son pardon. On doit à cette princesse : la création du parc, dont les terrasses furent dessinées par Le Nôtre; la construction du kiosque situé à l'extrémité de ce parc et d'où l'on découvre une très belle vue sur la mer, enfin la réunion des tableaux qui ornaient autrefois les appartements et qui ont inspiré à Louis-Philippe l'idée du musée historique de Versailles.

Après avoir servi d'hôpital en 1795, le château devint la résidence du titulaire de la sénatorerie de Rouen. Ce fut alors que, par raison d'économie, furent abattus le corps de logis en retour contenant l'escalier, la salle des Gardes, etc., et le petit château construit par Mlle de Montpensier près de la maison actuelle du jardinier. C'est à partir de la prise de possession de ce domaine par Louis-Philippe, alors duc d'Orléans (1821), que furent commencés, sous la direction de M. Fontaine, les importants travaux qui ont mis cette belle résidence dans l'état où elle se trouve aujourd'hui. Le château proprement dit ne fut pas agrandi, mais il fut remanié de fond en comble; de vastes et nombreuses dépendances y furent ajoutées; le parc fut presque doublé par des acquisitions de terrains qui en reculèrent les limites jusqu'à la Bresle et au canal.

Le **château d'Eu**, une des résidences favorites de Louis-Philippe, qui y reçut deux fois (1843 et 1845) la visite de la reine Victoria, est aujourd'hui la propriété de M. le comte de Paris, qui l'a fait restaurer. Il se compose, outre les dépendances, d'un vaste bâtiment en briques, à pilastres en pierre, présentant une façade longue de 90 mèt. 49. Parmi les objets d'art ou de curiosité qu'il renferme se trouvent : au rez-de-chaussée, un portrait (inachevé) de la reine Marie-Amélie, par Ary Scheffer, et celui du duc d'Orléans, par Ingres ; au 1ᵉʳ étage, dans la *galerie de Guise*, longue de 50 mèt. (parquet remarquable), des portraits historiques, la statue de Jeanne d'Arc par la princesse Marie, un coffret à bijoux offert à la duchesse d'Orléans par la Ville de Paris lors de son mariage en 1837. La *chapelle* est ornée de riches vitraux, exécutés à la manufacture de Sèvres, d'après les dessins de Chenavard et de Paul Delaroche.

Le parc (46 hect.), un des plus beaux de la France, renferme plusieurs bassins alimentés par les eaux de la Bresle. A l'entrée, près de la chapelle, on remarque des hêtres magnifiques, au milieu desquels Louis-Philippe, s'appuyant sur une tradition qui paraît erronée, a fait placer une table de marbre avec cette inscription :

C'EST ICI QUE LES GUISES TENAIENT CONSEIL AU XVIᵉ SIÈCLE.

Les abords du château ont été, sous Louis-Philippe, transformés en une *esplanade* d'où l'on découvre une belle vue.

L'église Saint-Laurent, une des plus belles églises de la Normandie, s'élève en face du château, sur un emplacement qui, formant terrasse au N., est soutenu de ce côté par de grands murs en briques avec contreforts. Vu de la place par son flanc S., ce bel édifice se présente mal. Tout ce côté, jusqu'au transsept, a été refait sous Louis-Philippe, et l'architecte l'a complètement gâté en y appliquant de trop nombreux contreforts, d'une nudité d'aspect et d'une lourdeur étonnantes. Au contraire, le chevet, qui tombe presque en ruine, mais est resté vierge de toute restauration moderne, présente des arcs-boutants très espacés, légers et or-

nés avec toute la richesse sculpturale de la fin du xvᵉ s. « Le pourtour du chœur, dit l'abbé Cochet, présente trois étages de contreforts superposés et couronnés de pyramides à crochets. Des murs jaillissent une foule d'aiguilles squammées et reliées entre elles par des arcs-boutants surmontés de balustrades ».

Saint-Laurent est un édifice du style ogival primitif (1186-1230), qui a remplacé une ancienne église collégiale où avait été célébré, en 1050, le mariage de Guillaume le Conquérant et de la princesse Mathilde. Mais elle a été considérablement remaniée au xvᵉ et au xviᵉ s. Depuis le xiiᵉ s. jusqu'en 1791, cette église fit partie d'une abbaye où mourut, en 1181, saint Laurent, archevêque de Dublin, qui en devint le patron. Elle offre un portail simple (xiiiᵉ s.) mais gracieux, qui a été refait de nos jours. Au-dessus de la grande porte, toute la largeur du vaisseau est occupée par une immense fenêtre à trois ogives dont chacune est divisée par des meneaux. Au-dessus, quatre clochetons couronnent des contreforts complètement nus. Les bas-côtés sont indiqués chacun par une petite porte surmontée d'une double arcature ogivale. La porte latérale S. date de 1747. Le croisillon N. offre une grande rose du xiiᵉ s. ; celui du S. présente une forêt d'arceaux, de contreforts, de clochetons et de pinacles.

A l'intérieur, l'édifice a 80 mèt. de longueur dans œuvre, 17 mèt. de largeur dans la nef et 21 mèt. d'élévation sous la clef de voûte. Les moindres fragments de sculptures ou d'inscriptions y ont été conservés avec soin lors de la restauration de l'édifice, et le goût qui a présidé à certains aménagements de l'église, ornée de jolis vitraux, contraste avec l'ornementation disgracieuse d'autres parties de ce beau monument.

On entre dans une nef magnifique, à voûtes très élevées, supportées par des piliers à faisceaux de colonnettes.

engagées. Les arcs en ogive qui bordent cette nef sont surmontés, à l'étage du triforium, par une suite d'arcades plus petites, formées chacune de deux ogives géminées et ouvrant en même temps sur la nef et sur les collatéraux. C'est à cette disposition que les bas-côtés doivent la hauteur peu ordinaire de leurs voûtes. Louis-Philippe, à qui est due la belle verrière du portail, a fait reconstruire la voûte de la nef.

Le chœur, surélevé de sept marches, commence à l'avant-dernière travée du transsept (remanié au XVe s.). Le déambulatoire a des voûtes beaucoup plus basses que celles des collatéraux. Autour de l'abside règne une galerie praticable, du style ogival flamboyant, qui paraît être une restauration moderne. Autour de l'abside rayonnent des chapelles dont l'une (celle du milieu) est moderne.

CROISILLON DR. — Belle colonne torse du XVe s. — Fonts baptismaux en pierre du XVe s. Au-dessus de l'autel, tableau du XVIIe s. représentant une vue très curieuse de la ville d'Eu à cette époque. — Dans le mur au-dessus du confessionnal, dalle portant une longue inscription en caractères gothiques, constatant une fondation faite par Mgr Charles d'Artois, comte d'Eu. — Dans le mur du fond de la chapelle, petit bas-relief et épitaphe de 1462.

DÉAMBULATOIRE (de dr. à g.). — Les Disciples d'Emmaüs, bonne toile de l'école italienne. — Charmante porte à encadrement sculpté (XVe s.) surmontée d'une statuette de Dieu le Père, et donnant accès dans la chapelle du Saint-Sépulcre (XVIe s.), dans laquelle on descend par un escalier de cinq marches. Dans cette chapelle, belle sculpture (XVe s.), avec des traces de peintures et de dorures, représentant le Christ au tombeau. — Chapelles suivantes : portrait de saint Charles Borromée ; Vierge au Rosaire, peinture du XVIIe s. — Cha-

pelle absidale ou chapelle de la Vierge (malheureusement défigurée et éclairée par d'affreux vitraux) : Vierge en bois, plusieurs fois peinte et repeinte, qui serait l'œuvre et le don de l'un des frères Anguier ; ce serait ce que l'on appelait alors son chef-d'œuvre, c'est-à-dire le morceau de sculpture présenté par lui pour sa réception dans la corporation des maîtres sculpteurs.

CROISILLON G. — Au-dessus du confessionnal, charmant petit bas-relief en terre cuite (fin du XVIe s.) représentant l'Ensevelissement du Christ. — Tableaux : Saint Sébastien ; Descente de croix (XVIIe s.).

BAS-CÔTÉ G. — Sous une arcade surbaissée, tombeau et curieuse épitaphe de Nicolas de Saint-Ouen († 1504), avec sculpture sur pierre en ronde-bosse (nombreux personnages).

NEF. — Vitraux modernes dans la grande fenêtre au-dessus de la porte principale. — Banc d'œuvre à baldaquin supporté par deux cariatides en bois sculpté.

CHŒUR. — Quatre colonnes de marbres de couleur (XVIIIe et XIXe s.), placées contre les grands piliers à la croisée du transsept, supportent des urnes en bronze, dont les deux premières portent une devise et les armes des d'Orléans. Sur la seconde à dr. est l'épitaphe de Louis-Auguste de Bourbon, prince légitimé, † 1775 ; sur celle de dr., l'épitaphe de Catherine de Clèves, duchesse de Guise, avec la date de 1633. Du même côté, près de l'autel et sur une dalle de marbre noir, est gravée l'épitaphe (XVIe s.) de Philippe d'Artois, connétable de France, † 1397. — Une châsse, contenant les reliques de saint Laurent (Lawrence O'Toole), est exposée au fond de l'arrière-chœur, au-dessus du maître-autel, sous un baldaquin du plus mauvais goût. — La clôture du chœur est un bel ouvrage exécuté de 1540 à 1580 ; les verrières de la sacristie remontent à la même époque.

Sous le chœur, une *crypte*, saccagée pendant la Révolution et restaurée par le roi Louis-Philippe, renferme dix sarcophages, refaits par le duc d'Orléans en 1828, mais supportant des statues anciennes : saint Laurent (XIIIᵉ s.), Jean d'Artois (1386), Isabelle de Melun, sa femme (1389), Isabelle d'Artois (1479). Charles d'Artois enfant (1368), Philippe d'Artois (1397), Jehanne de Saveuse, épouse de Charles d'Artois (1448), Philippe d'Artois (1397), Hélène de Melun, seconde femme de Charles d'Artois (1472), et Charles d'Artois. Au milieu, une table de marbre indique la sépulture d'un duc d'Aumale (1704-1708).

Contre le terre-plein de l'église est adossée une *fontaine* en granit (1875), érigée par M. le comte de Paris, en souvenir de la restitution du château d'Eu à sa famille. C'est une demi-rotonde peu élevée, d'où l'eau coule dans une vasque par la gueule d'un petit dragon de bronze.

La **chapelle du collège**, ancienne église des Jésuites, fut élevée en 1625 par Catherine de Clèves, épouse de Henri de Guise, ainsi que l'indique une plaque de marbre noir encastrée dans le portail. C'est un curieux spécimen, en brique et en pierre, de l'architecture gréco-romaine du temps de Louis XIII. La façade se compose d'un corps de bâtiment légèrement saillant divisé en trois étages par quatre colonnes d'ordre différent à chaque étage, et terminé par une sorte de fronton en demi-cercle, accompagné de rampants en volutes. Des volutes semblables relient cette partie principale aux bas-côtés, percés chacun d'une petite porte et accompagnés de chaque côté d'une tourelle octogonale surmontée d'un petit dôme. La grande porte centrale est cintrée et surmontée d'un bas-relief figurant deux anges portant un écusson dont les armoiries ont été effacées. Toute la maçonnerie est en briques ; les encadrements des baies, les sculptures, les colonnes et les corniches sont en pierre.

La porte du *collège*, construite dans le même style, s'ouvre à g., à côté du portail. Dans la cour, une petite porte en pierre (XVIIᵉ s.), avec anges en bas-relief, fait communiquer cette cour avec l'intérieur de l'établissement.

A l'intérieur, la chapelle se compose d'une grande nef soutenue par des piliers à arcades cintrées. La nef (galerie à balustres des deux côtés jusqu'au transsept) et le chœur sont voûtés en ogive, avec nervures entrecroisées portant la date de 1623. Les bas-côtés sont à voûtes d'arête. — Dans le chœur, à dr., se voit le *mausolée de Catherine de Clèves*, en marbre noir, avec son effigie deux fois représentée : dans la partie basse, elle est à demi couchée, appuyée sur le coude et lisant ; sur le monument, elle est agenouillée devant un prie-Dieu. A g. est le *monument d'Henri de Guise*, disposé comme le précédent, avec deux statues, l'une couchée, l'autre agenouillée et revêtue du manteau du Saint-Esprit. Quatre statues debout, en marbre blanc, symbolisent, pour Catherine, la Libéralité et la Charité, pour le duc, la Force et la Religion. Les deux cénotaphes, exécutés au commencement du XVIIᵉ s., soit par Germain Pilon, soit plus probablement par un artiste génois, sont recouverts de bas-reliefs représentant, l'un les batailles du duc, l'autre les vertus de la duchesse. — Les *fonts baptismaux*, en pierre, de forme octogonale, datent du XVᵉ s. La chapelle possède encore la cloche municipale (1587). — Sous la chapelle s'étendent des souterrains (restes de peintures murales).

Il subsiste de l'ancien couvent des Ursulines une grande *porte* sculptée, à l'angle des rues Mouillette et de Normandie.

L'ancien hôpital Sainte-Anne, fondé

par Mlle de Montpensier, a été transformé en caserne.

Parmi les débris des anciens *remparts* (XIIIᵉ s.) de la ville, on remarque, sur le *Champ de Mars*, deux tours informes en galet, restes de la *porte de l'Empire*.

Une maison de la rue du Tréport, nᵒ 5, date du XVIᵉ s.; une autre, dans la Grand'Rue, 87, de 1573; le nᵒ 6 de la rue Mouillette est un joli spécimen du style Louis XIII.

Dans le cimetière se voit, depuis 1881, une *statue de Louis-Philippe*, par Mercié.

Le *canal d'Eu au Tréport*, creusé dans les premières années du règne de Louis-Philippe, a rendu à Eu la qualité de ville maritime qu'elle possédait il y a plusieurs siècles, avant que des atterrissements successifs eussent encombré la vallée de la Bresle. Ce canal, long de 3375 mèt., se confond sur tout son parcours, avec la rivière. Son tirant d'eau normal est de 4 mèt. 20. Les hautes mers s'étendent jusqu'au bassin à flot d'Eu, long de 160 mèt. sur 40 de largeur. Au point culminant du plateau qui domine Eu au N., à 1800 mèt. de la ville, sur la rive dr. de la Bresle et près de la route d'Abbeville, la *chapelle Saint-Laurent* (1698), petit édifice sans intérêt, attire un grand nombre de pèlerins. Elle a été bâtie à l'endroit où s'arrêta, pour se reposer, saint Laurent, archevêque de Dublin, venu en France au XIIᵉ s., afin de solliciter en faveur des Irlandais la protection d'Henri II, roi d'Angleterre, et du roi de France. De cette chapelle, comme de la route d'Abbeville et de celle de Saint-Valery, on découvre une belle vue sur la vallée de la Bresle et sur la mer.

[On peut faire d'intéressantes excursions dans la forêt d'Eu (7500 à 8000 hect.), qui s'étend, vers le S.-E., au sommet des coteaux bordant de ce côté la vallée de la Bresle. Entrecoupée de vastes plaines défrichées, elle a 30 à 40 kil. dans sa plus grande longueur, et s'étend jusqu'aux environs de Neufchâtel; mais sa plus grande largeur ne dépasse pas 8 ou 10 kil.

Sortant d'Eu par le faubourg *Mathomesnil*, on suit d'abord la route de Neufchâtel; puis, à 1 kil., on prend sur la g un chemin qui mène à la forêt par la ferme des *Hayettes* et (4 kil. d'Eu) *Saint-Pierre-en-Val* (600 hab.; dans l'église, beau retable en bois sculpté). Dans la forêt, à (6 kil.) *la Madeleine*, au point de rencontre du chemin d'Eu à Blangy par Beaumont-sur-Eu, commence la *route Clémentine*, qu'il faut suivre. Cette route, construite par ordre du roi Louis-Philippe, presque uniquement pour ses promenades dans la forêt, est un chemin très sinueux, très montueux et presque toujours malaisé. Elle contourne, en lacets et sous forme de corniche, les gorges du versant O. de la vallée de la Bresle. La partie de la forêt qu'elle traverse est remarquable par son caractère pittoresque et sauvage. Au fond des gorges, le hêtre, poussant avec une vigueur extraordinaire, atteint une grande hauteur. La route Clémentine conduit au plateau appelé *Mont-d'Orléans*, tout entouré de pins.

Du Mont-d'Orléans on descend, par un chemin en lacets, à (7 kil. d'Eu) *Incheville*, 525 hab. (vieille enceinte fossoyée appelée *camp de Mortagne*; chapelle *Saint-Martin-au-Bos*, en partie du XIIᵉ s.), où l'on a le choix, pour retourner à Eu, si l'on ne prend pas le chemin de fer, entre deux routes d'une longueur à peu près égale et longeant toutes deux la voie ferrée à peu de distance. La première, plus fraîche en été et un peu plus courte, mais moins bonne pour les voit., suivant la rive normande (la rive g. de la Bresle), longe la forêt et le *Bois-l'Abbé*, en partie défriché, passe à l'extrémité S. de (2 kil. d'Eu) *Ponts-et-Marais* (354 hab.) et au ham. de *Harancourt*. — La seconde route, par la rive picarde ou rive dr. de la Bresle, traverse de fraîches prairies, et rejoint, à l'extrémité O. de (8 kil.) Beauchamps, la route de terre (*V.* ci-dessus) de Beauvais au Tréport par Aumale et Senarpont, qui traverse plusieurs villages situés à dr. du chemin de fer d'Abancourt au Tréport.

Mais si du Mont-d'Orléans on ne veut pas gagner Incheville, il faut suivre l'avenue (des poteaux l'indiquent) conduisant à la maison forestière de *la Madeleine*, où l'on trouve de bon lait. De cette maison on va rejoindre au *Val Maxeux* et près de l'ancien *prieuré de Saint-Martin-au-Bos* (chapelle des XIIᵉ et XVIᵉ s.; faisanderie), donné par les comtes d'Eu à l'abbaye du

Bec, la *route Adélaïde*, longue voie très sinueuse sur laquelle se rencontrent successivement le *Rond du Père de famille*, le *carrefour de Nemours*, le *Rond Adélaïde* (petit obélisque offrant un médaillon en marbre blanc de Mme Adélaïde, élevé par Louis-Philippe en 1843), le *Rond des Bœufs*, le *Mont-Frison* et le carrefour de la *Reine*, d'où l'on peut aller prendre à la station de Longroy-Gamaches le chemin de fer pour Eu ou pour le Tréport.]

Le Bourg-d'Ault.

9 kil. 1/2 par Mers, Blaingues et Bellevue; 12 kil. 1/2 par Eu, route de voit., service d'omnibus en été, 1 fr.; 7 kil. par Mers et le chemin des Douaniers.

Un sentier, dit le *chemin des Douaniers*, plus agréable que la route de voitures à cause de la vue étendue dont on y jouit sur la Manche et sur la ligne des côtes, conduit de Mers au Bourg-d'Ault en suivant la crête des falaises dont les parois de craie, coupées à pic, s'élèvent presque partout à 100 mèt. env. au-dessus des vagues qui viennent en miner la base à chaque marée. Ce sentier abrège la distance de plusieurs kil., mais il est plus fatigant que la route, le bord du plateau étant coupé, de distance en distance, par de petits ravins ou des gorges étroites dont il faut tour à tour descendre et gravir les versants gazonnés. Vers le milieu du trajet, on longe à dr. deux petits bois, le *bois de Rompval* et le *bois de Cise*, entre lesquels, à 95 mèt. d'altit., se trouve un ancien corps de garde de douaniers, maintenant abandonné. Ces bois, plantés d'arbres rabougris et tordus par le vent, forment des fourrés impénétrables de houx, d'ajoncs, de bruyères et de ronces.

Si l'on suit le chemin des douaniers, on devra éviter de s'en écarter et de s'approcher trop du bord de la falaise, à cause des éboulements, qui sont fréquents et que l'on a tenté d'éviter par le reboisement.

A la marée basse et, de préférence, à la marée descendante, afin de n'être point surpris par le retour du flot, on pourrait se rendre du Tréport à Ault par le pied des falaises, en se tenant toutefois assez loin de ces murailles de craie pour ne pas être exposé à recevoir quelqu'une des pierres qui s'en détachent incessamment.

9 kil. 1/2 ou 12 kil. 1/2 (7 kil.; 1 h. 45 env. par le chemin des Douaniers). **Ault** ou le **Bourg-d'Ault**, ch.-l. de c. (1623 hab.), est situé au fond d'une étroite vallée où l'on descend de l'auberge de Bellevue (1 kil. 1/2) par un chemin rapide encaissé entre deux talus et qui se prolonge jusque dans la rue principale du bourg, perpendiculaire à la plage. Ault, vu de la mer et des falaises, se présente sous un aspect très pittoresque. Il s'y bâtit des maisons assez élégantes, surtout sur les rampes qui mènent à la falaise du S. — L'*église Saint-Pierre* (xve ou xvie s.), construite en grès et en silex, se compose d'une nef principale, d'un chœur à pans coupés, et de deux collatéraux terminés par des chapelles. Cette église a été dans ces dernières années l'objet d'importantes restaurations. La tour, capable de soutenir un siège, s'élève en avant de la nef principale. Elle est ornée, aux angles, de curieuses gargouilles et flanquée, au N., d'une tourelle hexagonale renfermant l'escalier.

La *plage*, bordée de galets, ferme, à marée basse, une vaste plaine de sable sans pente sensible et parsemée de rochers à fleur du sol. A marée basse, il faut faire un assez long trajet pour prendre des bains. L'*établissement des bains de mer* se compose d'une petite galerie vitrée en briques (salles de jeux et de lecture), d'un pavillon-buvette (jeux divers, petits chevaux), d'une quinzaine de cabines et de deux ou trois cabinets pour les bains chauds; cependant le Bourg-d'Ault commence à être fréquenté par les baigneurs qui recherchent la tranquillité et la simplicité.

Les promeneurs vont principalement sur les falaises, recouvertes de gazon et d'où la vue s'étend au loin sur la mer. En gravissant la falaise N. d'Ault on atteint *Ault - Saint-Charles*, quartier du Bourg-d'Ault où sont de nombreuses villas en briques et un hôtel. La plage est la continuation de celle du Bourg. C'est là (vue immense sur le littoral) que se terminent les falaises qui, depuis le Havre, forment le long des côtes une muraille de craie, interrompue seulement par quelques brèches à l'embouchure des rivières. Du côté du Tréport, les falaises ont une altitude de 100 mèt. env. Le court tronçon qui, de l'autre côté, s'étend d'Ault au hameau d'*Onival*, où se crée une station balnéaire (hôt.; villas; casino; plage de sable fin), est moins élevé. On y voit d'anciennes carrières qui, dit-on, s'étendent fort loin sous le sol. Ces falaises en craie, taillées à pic et souvent en surplomb, sont battues en brèche par la mer; aussi s'en écroule-t-il souvent d'énormes blocs. Une longue rue d'Ault, qui s'étend au N. du bourg, parallèlement à la côte, est sans cesse menacée par les éboulements; des maisons autrefois éloignées de la mer s'en trouvent aujourd'hui à quelques pas, plusieurs même ont disparu, d'autres ont dû être abandonnées. A l'endroit où cesse la falaise et où commence la barrière naturelle de galets qui se déroule jusqu'au Hourdel, on a été obligé de construire un bout de digue pour protéger les Bas-Champs, terrains d'alluvion relativement assez récents. Ces terres, généralement très fertiles, occupent tout l'espace compris entre la mer et l'ancienne côte, indiquée par un talus formant le prolongement des falaises et plus loin par la ligne que forme le pied des pentes allongées qui rattachent le plateau du Vimeu à la mer, du côté du N.-O. et du N.; l'œil peut très bien en suivre la trace jusqu'au près de Saint-Valery. Du plateau qui couronne les falaises, on découvre dans cette direction une vue très étendue : au-dessus du Hable d'Ault, ancien bras de mer transformé en étang d'eau douce, se montre le bourg de Cayeux; plus au N., apparaissent les collines du cap Hornu et de Saint-Valery, la baie de Somme, le Crotoy, les dunes du Marquenterre, l'hospice de Berck, la forêt de Crécy et, au loin, quand le temps est clair, les collines du Boulonnais.

L'industrie principale du Bourg-d'Ault et de tout le canton est la *serrurerie*, qui s'y divise en deux branches : les ouvrages fins, d'une exécution remarquable, et la serrurerie commune, comprenant les cadenas et les menus objets de quincaillerie (4000 à 5000 ouvriers dans le canton).

[Pour aller du Bourg-d'Ault à Saint-Valery-sur-Somme, il n'est pas necessaire de revenir à l'auberge de Bellevue. On peut abréger le trajet de plus d'un kil. en prenant une bonne route de voitures qui se détache, dans Ault, près de l'hôtel de France, de la route de Bellevue, s'élève par une longue pente en suivant la rue des Fonts-Bénits, atteint, près d'un moulin à vent, le haut du plateau et rejoint la route d'Eu à Saint-Valery à 1 kil. 1/2 d'Ault. De ce point on peut, au lieu de prendre à g. la route de Saint-Valery par *Lanchères*, continuer de suivre le chemin venant d'Ault, traverser *Woignaruë* (732 hab.) et rejoindre, entre ce village et Bourseville, la route d'Eu à Saint-Valery par le haut des plateaux, route qui gagne Saint-Valery par les villages de *Vaudricourt, Tilloy* et *Pendé*. — Pour Saint-Valery-sur-Somme, *V.* le Nord.]

Gamaches.

16 kil. — Chemin de fer. — Trajet en 29 min. à 1 h. 1/2.

Gamaches (hôt. : du *Grand-Cerf*; de la *Pomme-d'Or*), ch.-l. de c. industriel de 2101 hab., situé sur la rive dr. de la Bresle, au confluent de la Vismes ou Vimeuse est une ville fort ancienne : on y trouve une *tom-*

belle, des *ruines romaines*, des restes de *chaussées*. — De l'ancien château fort, dans l'enceinte duquel est un puits artésien, il ne reste qu'une *tour* entière et une autre en ruine. — L'église a été construite en grande partie pendant les XIIᵉ et XIIIᵉ s. Au XVᵉ s., de nouvelles constructions y furent ajoutées. Le portail de l'O., en partie du style roman et du style de transition, est fort remarquable, quoique très sobre d'ornementation, et accompagné de deux tourelles. Le clocher, belle tour du style ogival flamboyant à laquelle est accolée une gracieuse tourelle octogonale, a été élevé, au XVIᵉ s., dans une position oblique par rapport au vaisseau de l'église, dont il termine le croisillon N. Le portail qui s'ouvre à sa base est délicatement fouillé. Les dais qui surmontent cinq niches, aujourd'hui sans statues, se terminent en pinacles richement ornés et sculptés. A l'intérieur on remarque le triforium (XIIᵉ s.), la cuve baptismale, de la Renaissance, et un *calvaire* d'une exécution assez grossière. — La *grande halle* du marché paraît dater du commencement du XVᵉ s.

Pour Aumale et les autres buts d'excursions plus éloignés, V. l'Itinéraire de la *Normandie*, par P. JOANNE.

24 352. — Imprimerie A. Lahure, rue de Fleurus, 9, à Paris.

PUBLICITÉ DES GUIDES JOANNE
EXERCICE 1892-1893

ADRESSES UTILES

ADMINISTRATION
des Eaux de Pougues
22, *Chaussée d'Antin*, Paris.
Eau bicarbonatée, calcique, ferrugineuse, sans rivale contre DYSPEPSIES, GRAVELLES, DIABÈTE, etc. **Etabl. thermal** St-**Léger**, 15 mai-15 octobre.—**Splendid-Hôtel**, propé de la C^e : 120 chambres; luxe, confort. **Casino.** (Voir page 108.)

AGENCE DE LOCATIONS
Agence des Étrangers, 72, *r. Basse-du-Rempart*. Appart. et hôtels privés. Loc. et vente, meublés ou non.

AMEUBLEMENT
Delaunay et Lefèvre
53, *faubourg Saint-Antoine*, 53
Paris.
Spécialité
d'ameublements
pour villas,
salles à manger,
chambres à coucher,
meubles de luxe,
marqueterie,
bureaux,
bibliothèques.

Léger (E.) ✠, 12, *r. des Vosges*, Paris. Ébénisterie et tapisserie, décorations intérieures, escaliers de style et ordinaires, Travaux d'églises et monuments historiques. Sculptures et sièges. Meubles en pitch-pin.

AMEUBLEMENT (Suite)
Flachat, Cochet, Paris et Lyon.
(V. p. 62.)

ARMES — ARMURES
Gutperle, 12, *boul. Magenta*, Paris. Armes, armures, panoplies d'armes, reproduction des armes anciennes. Armes, armures, bijoux pour théâtres.

BANDAGISTE
Breuil-Guth, 16, *rue Mandar*, Paris. Bandage spécial pour la contention des hernies rebelles. Prix modér.

BANQUES
Banque d'Escompte de Paris. (V. p. de garde fin du volume.)
Comptoir national d'Escompte de Paris. (Voir p. 25.)
Crédit Lyonnais. (V. p. 26.)
Lyon-Alemand. (V. p. 30.)
Société Générale. (V. p. 28.)

BIÈRE
BRASSERIE DE L'É-TOILE. *Fournisseur des hôpitaux.* Bières de toutes espèces, en fûts et en bouteilles. Fabr. spéciale de *bière de nourrices.* 37, *avenue des Ternes*, Paris.

BIJOUTERIE
Duhazé (E.), 78, *rue Vieille-du-Temple*, Paris. Bijouterie argent, bagues en tous genres. [M. H.] Exp. 1878-1889.

Tranchant, 79, *r. du Temple*, Paris. Bijouterie argent en tous genres. Hochets, bracelets, chaînes, bourses.

TYPE **B** — 1

HOTELS (Suite)

Chambres et **appartements meublés**, 95, *r. Richelieu* (passage des Princes), 5 *bis, boulevard des Italiens*, et 2, *rue d'Amboise*. Chambres de 3 à 10 fr. par jour et de 45 à 200 fr. par mois. Petits appartements. Prix modérés. CUSSET, propriétaire.

Hôtel du Chemin de fer de Lyon (le seul en face de l'arrivée), 19, *boulevard Diderot*, Paris. Grands et petits appartements, chambres, service dans les appartements, bains, poste et télégraphe. English spoken. Mme Vve SOUFFLET, propr.

Hôtel de la **Cité Bergère et Bernaud.** — Paris, 4, *cité Bergère*, 4. Situé à proximité des boulevards et des théâtres et au centre du commerce. Table d'Hôte. — Prix modérés.

Hôtel Continental. (V. p. 72.)

Hôtel des Colonies, 27, *rue Paul-Lelong*, près la Bourse. Appartements et chambres confortables. Table d'hôte. English spoken.

Grand Hôtel Corneille, 5, *rue Corneille*, en face le Luxembourg et l'Odéon. Chambres depuis 2 francs; déjeuners 1 fr. 50; dîners 2 fr. English spoken. LOISEAU, propr.

Hôtel de la Couronne, 3, *rue St-Roch*, Paris, en face le jardin des Tuileries. Grands et petits appartements. Pension de famille. Prix très modérés.

Hôtel des Croisés d'Orient. (Voir p. 70.)

Hôtel du Danube, 11, *r. Richepanse*, près la Madeleine. Grands et petits appartements pour familles.

Hôtel d'Edimbourg, 20, *rue de Trévise*. Centre des affaires. Table d'hôte. Prix modérés.

Hôtel de l'Élysée. (Voir cahier en tête des Guides parisiens.)

Hôtel Folkestone, 9, *rue Castellane* (près la Madeleine), Paris. Pension et Chambres de 8 à 12 fr. par jour. Chambres de 2 à 6 fr. Table d'Hôte et Service dans les Chambres.

Hôtel Folkestone, 129 *bis, boulevard Magenta*, Paris (près la gare du Nord). Pension de famille. English spoken.

Hôtel de France, 40, *rue de Rivoli*, Paris (près l'Hôtel de Ville). Appartements et chambres, table d'hôte, service à la carte. LONCHAMP, propriétaire.

Hôtel de la Gare du Nord, 31, *rue Saint-Quentin*, Paris (près la gare du Nord, au coin de la rue Lafayette). Chambres confortables, déjeuners et dîners à la carte. English spoken. Man spricht deutsch. Prix modérés.

G^d Hôtel du Globe. (V. p. 68.)

Grand Hôtel d'Harcourt, 3, *boul. St-Michel*. Chambres confortables de 2 à 6 fr. Appartements meublés avec cuisine. Table d'hôte. Prix modér.

Hôtel Jacob, 44, *rue Jacob*. Chambres et appartements meublés depuis 2 fr., avec pension de 8 à 10 fr. par jour; au mois depuis 150 fr. Service dans les appartements. Man spricht deutsch. English spoken.

Hôtel du Jardin des Tuileries, 206, *rue de Rivoli*, en face le Jardin des Tuileries. Appartements et chambres. Grand confort. Elegantly furnished apartments and single rooms. Full south. Lift. ZIEGLER, propr.

Hôtel Jean-Bart, 31 *bis* et 33, *rue de Dunkerque*, Paris (près les gares du Nord et de l'Est). Chambres très confortables. Prix modérés. SAUTRET, propriétaire.

G^d Hôtel Jules-César, 52, *av. Ledru-Rollin*, angle *rue de Lyon*, 20, Paris. Hôtel confortable, le plus près des chemins de fer Lyon et Orléans. Restaurant, bains dans l'hôtel. English spoken, Ch. DENEUX, propriétaire.

Grand Hôtel Louvois, *place Louvois*, situé sur un beau square au centre de Paris. Appartements et chambres seules. Restaurant et Table d'hôte. L. DHUIT, propriétaire.

HOTELS (Suite)

Hôtel Malherbe, 11, r. *Vaugirard*, au centre du Quartier Latin. Chambres prix modér. Pension de fam.

Hôtel Marignan (Voir p. 70.)

Hôtel Mirabeau (Voir p. 70.)

Hôtel du Musée de Cluny 18, *boulevard Saint-Michel*. Centre des Ecoles et des Théâtres. Appart^s et chambres, prix modérés. Table d'hôte. Déj. 2,25 ; dîners 2,50.

Hôtel National, 11, *rue Notre-Dame-des-Victoires* (près la Bourse). Appartements et chambres. Table d'hôte. Prix modérés. HECKING, propr.

Grand Hôtel de Nice, 36, *rue Notre-Dame-des-Victoires*. (V. p. 71.)

Grand Hôtel d'Orléans, 17, *rue Richelieu* (près le Palais-Royal). Appartements et chambres confortables. Table d'hôte. Service à la carte. BAR-SCHULZ, propriétaire.

Grand Hôtel de Paris, 38, *Faub. Montmartre*, près les gr. boulevards, Paris. 150 chambres et appartements très confortables. Prix modérés ; déjeuner 3 fr., dîner 4 fr., vin compris. Pension depuis 10 fr. par jour. English spoken. M. RENARD, propr.

Hôtel du Prince Albert, 5, *rue St-Hyacinthe-St-Honoré*, Paris. Situation centrale. Chambre depuis 2 fr. 50.

Hôtel du Prince de Galles, 24, r. *d'Anjou-St-Honoré*. (V. p. 71.)

Hôtel de Reims, 29 et 37, *passage du Saumon*. (Voir cahier en tête des Guides parisiens.)

Hôtel Richer, 60, *rue Richer*, centre de Paris, près les grands boulevards. Chambres depuis 2 fr. Repas à la carte.

Grand Hôtel de Rome, 15, *rue de Rome*, à une minute de la gare St-Lazare et à deux minutes de l'Opéra et des grands boulevards, Paris. Appartements pour familles et chambres pour voyageurs. Grand confortable. Prix modérés. Situation magnifique dans le quartier élégant, au centre des affaires et des grands théâtres. PIARD, propriétaire.

Grand Hôtel de Roubaix 6, *rue Greneta*, Paris, près les Arts-et-Métiers, au centre des affaires. Chambres de 2 à 6 francs. GALLAND, propriétaire.

Hôtel Saint-Séverin, 40, *rue St-Séverin*, Paris (près la place St-Michel). Appartements et chambres. Service à volonté.

Hôtel St-Sulpice, 7, *rue Casimir-Delavigne*, Paris (quartier des Ecoles). Chambres, pension. Prix modérés. Se recommande par sa tranquillité.

Hôtel de Seine, 52, *rue de Seine*, (boul. Saint-Germain), Paris. Appartements et chambres confortables. Table d'hôte. Service à volonté. Prix modérés. DUJARDIN, propr^{re}.

Hôtel de Strasbourg, 50, *rue Richelieu*. Table d'hôte. Appartements et chambres au mois.

Hôtel du Temps, 27, *rue Bergère*. Centre des affaires. Chambres depuis 2 francs.

Hôtel Turgot, 76, *rue Turbigo*, Paris. Centre des affaires. Chambres depuis 2 fr.

Hôtel Violet, passage Violet, 36, *faubourg Poissonnière*, Paris, près les grands boulevards, à 5 min. des gares de l'Est et du Nord. 170 chambres très confortables. Salon de lecture, fumoir, bains dans l'hôtel. Arrangement à volonté. Prix modérés. Vve J. CLÈME, propriétaire.

Hôtel Vouillemont, 15, *rue Boissy-d'Anglas*, Paris, entre les Champs-Elysées et les Tuileries. Grands et petits appartements pour familles, recommandés par leur confort.

HYDROTHÉRAPIE

Guimard, 112, *boulevard Malesherbes*, Paris. (Voir *Gymnases*.)

Institut d'hydrothérapie et de kinésithérapie médicales. Traitement par l'eau et par le mouvement physiologique.
49, *Chaussée-d'Antin*, Paris.

INSTITUT THERMO-RÉSINEUX
des docteurs **Chevandier, de la Drôme, père et fils,** ci-devant, 14, rue des Petits-Hôtels, actuellement **57, rue Pigalle,** Paris. Ouvert toute l'année. Cure des rhumatismes, goutte, névralgies, sciatiques, etc. *Succès éclatants.*

INSTITUTIONS

Daix-Borgne ⚜, 104, *avenue de Neuilly,* NEUILLY-SUR-SEINE, près le Bois de Boulogne. Etudes complètes, préparation aux baccalauréats. *First Class institution for young men.* Vie de famille pour les étrangers.

Ecole préparatoire Duvignau de Lanneau. (V. p. 65.)

Ecole Sully, E. ANGEVIN, dir., 56, *rue d'Aboukir,* Paris. Etudes commerciales et industrielles. Elèves étrangers. Jardin. Externat; internat pour les élèves du Conservatoire. Vie de famille.

Institut Rudy, 7, *rue Royale,* Paris. 32e année. Cours et leçons. Langues, lettres, sciences, musique, peinture. 150 professeurs.

Institution internationale, dirigée par S. COTTA, 51, *avenue Malakoff* (Trocadéro), Paris, Préparation aux baccalauréats et aux Ecoles spéciales. La plus belle maison d'éducation. Spécialité : les langues modernes. *First Class Boarding School.*

Institution Roger-Momenheim, 2, *r. Lhomond,* Paris (V. p. 65.)

Institution Saint-Charles, 4, *rue Oudinot,* Paris, quartier Saint-Germain, près les Invalides. — Internat et externat. — Préparation aux examens, répétitions du lycée Buffon. Vie de famille. — Nombre d'élèves très limité. — Education spéciale pour les étrangers. — Hôtel particulier.

Institution Springer
34-36, *rue de la Tour-d'Auvergne,* Paris. — MÉDAILLE D'ARGENT, Exposition 1889.
Etudes commerciales et industrielles. — Langues vivantes. — Préparation aux baccalauréats et aux écoles spéciales.
SERVICE DE VOITURES.
Boarding School for boys. References in Paris and in London.
Especiales cursos en vista de los estrangeros.

Martin (F.), 3, *r. Chauveau-Lagarde.* Prépᵒⁿ aux baccalauréats, l'Ecoles du gouvern. et Ecoles étrangères. Soins individuels. Succès constants. Internat ; demi-pension ; externat.

Sainte-Barbe. (V. p. 65.)

INSTITUTIONS de DEMOISELLES

Château (Mˡˡᵉˢ), 177, *faubourg Poissonnière,* Paris. Etudes complètes. Préparation aux examens. Arts d'agrément. *Jardin* 2,700 m. On admet au cours (2 fois par semaine) demoiselles accompagnées par leur institutrice. *Boarding school for young ladies.*

Cours complets d'éducation
POUR LES JEUNES PERSONNES
59, *rue de l'Arcade,* Paris,
Dirigés par Mesdames **Feugères,** avec la collaboration des professeurs de l'Université.
PRÉPARATION AUX EXAMENS
DE TOUS LES DEGRÉS
LANGUES ÉTRANGÈRES. — ARTS D'AGRÉMENT
Beau jardin pour les récréations. Situation des plus hygiénique et confortables. — L'institution reçoit des élèves externes et demi-pensionnaires, et un nombre restreint de pensionnaires étrangères.

Drappier (Mmes), 86, *rue de la Tour* (**Passy**-Paris). Education complète, arts d'agrément. Vie de famille.

Institut Gerber, 2, *rue Phalsbourg,* (parc Monceau). Education complète pour jeunes filles. Arts d'agrément. Pensionnat et externat, 54, *rue Saussure.*

Institution Getting, 11, *rue Bassano* (Champs-Élysées), Paris. — Éducation complète. — Préparation à tous les examens. Arts d'agrément, Classe enfantine. Grand jardin.

Lacorne (Mlles), 5, *cité Pérard* (avenue du Neuilly-s.-S.), Paris. A 5 m. du Bois de Boulogne. Éducation supérieure; preparation aux examens de l'Hôtel de Ville, arts d'agrément. — *Select Ladies school first class professors for every branch; high references.*

Institution de Mᵉ Quihou, 7, *avenue Victor-Hugo*, St-Mandé (Seine), à la porte de Paris et près du Bois de Vincennes, à 3 minutes de la Gare, et sur le passage du tramway Louvre-Vincennes.
Éducation complète.

LIEBIG

Extrait de viande Liebig. (V. p. de garde en tête du volume).

LITS ET SOMMIERS

Castéran (A.), 81 et 83, *Faubourg Saint-Antoine*, Paris. Grande fabrique de sommiers élastiques et literie en tous genres.

MAISONS DE SANTÉ

Maison de santé, 10, *rue Picpus*, Paris. Affections mentales et nerveuses des deux sexes. M. le Dʳ POTTIER ✪, lauréat de la Faculté de M. P.

Maison médico-chirurgicale du Dʳ Defaut ✳, 50, *avenue du Roule*, NEUILLY-Paris. Traitement de la morphinomanie. On n'admet ni aliénés ni affections contagieuses. Les parents peuvent séjourner.

MANÈGES

École modèle d'Équitation, J. Pellier, 24, *avenue du Bois-de-Boulogne*, Paris. Pension de chevaux. Vente et location. *Special lessons for ladies.* A Dieppe pendant la saison des bains.

École d'équitation, Raould et Esnault, 19, *rue de Surène*, Paris (près de la Madeleine). Belles écuries. SUCCURSALE à Houlgate-Beuzeval.

Manège Duphot, 12, *rue Duphot*, Paris. DUCHON ✳ et Cᵉ. École d'équitation (fondée en 1826). Belles écuries de pension. Succursales : PARIS, 51, *rue Lhomond*; TRÉPORT, *route d'Eu*; ENGHIEN (Seine-et-Oise).

MASQUES

Pavy frères, masques en tous genres, 144, *rue Saint-Denis*, Paris. Fabrique, 68, boulevard de Reuilly. Commission, exportation. Exposition 1878, médaille de bronze.

MÉDECINS

Maladies nerveuses et mentales. — Paralysies

Doctʳ E. Blaise, anc.-interne; lauréat Fac. méd. Paris. Installation complète pour toutes applications de l'ÉLECTRICITÉ à la médecine. Mardi, jeudi, samedi à 5 h. 34, *av. de l'Opéra*.

OR, ARGENT, PLATINE

Lyon-Alemand. (Voir p. 29.)

ORFÈVRERIE

Christofle (Voir page 61.)

Favier fils, 25, *quai de l'Horloge*, Paris. Fabrique d'orfèvrerie, genre gothique et renaissance, services de table complets. Grand choix. Spécialité d'orfèvrerie religieuse.

Guerchet (*anciennes maisons Roussel et Jamet*), 62 et 64, *quai des Orfèvres*, Paris. Fabrique d'orfèvrerie de table. Maison recommandée pour la richesse et la pureté de style de ses modèles. — English spoken. Médaille à l'exposition universelle 1889.

Mérite (C) (E. SANNER, fondé de pouvoir), 3, *rue du Quatre-Septembre*, Paris. Fabrique d'orfèvrerie argent. Pièces sur commande. Spécialité de services de table. Coutellerie en tous genres.

ORFÈVRERIE (Suite)

Ravinet (L.) et **Ch. d'Enfert,** 83, *rue du Temple.* Services de table, coutellerie, argenterie, dorure, réargenture. Téléphone.

Robert (J.), 31, *rue Bonaparte,* Paris. Fabrique de couverts et orfèvrerie. Dorure, réargenture, nickelure. Réparation de bijoux en tous genres. Achat d'or et d'argent. 12 médailles d'or, 2 diplômes d'honneur.

ORGANINA THIBOUVILLE

THIBOUVILLE-LAMY. (Voir page 57.)

ORGUES

Alexandre. (Voir page 62.)

OUVRAGES DE DAMES

Mme Cuchet, 3, *rue d'Aboukir,* Paris. Broderies et tapisseries de style. Ouvrages de fantaisie. Spécialité de drap perforé machine et main. Expédition en province.

PARAPLUIES, CANNES

Dugas-Gérard, 82, *rue Saint-Lazare,* Paris. Fabr. de cannes, cravaches, fouets, parapluies et ombrelles. Maison de confiance. Prix modérés.

PARFUMERIE

Guerlain. (Voir page 51.)
Houbigant, 19, *Faubourg Saint-Honoré,* Paris.
Parfumerie Oriza. (V. p. 58.)
L.-T. Piver. (Voir page 59.)
Docteur Pierre. (Voir p. 55.)
Parfumerie de la Rosée (Rosée-crème, v. p. 132.)

PATISSERIE

Boisset-Graff, 15, *r. de Beaune,* Paris. **Timbales milanaises.** Diners complets sur commande. Expéditions France et étranger. Téléphone.

PATRONS DÉCOUPÉS

Monjou. Le Couturier modèle universel. (Voir page 63.)

PENSIONS DE FAMILLE

Mme Robin, Pension de Famille, 7, *rue du Colisée.* (Voir page 69.)

Pension de Famille, 7, *rue Clément-Marot.* (Voir page 69.)

Pension de Famille, 42, *route nationale,* à Saint-Cloud. (V. p. 69.)

Pension de Famille, 13, *rue du Cherche-Midi.* (Voir page 71.)

Mme et **Mlle Busson,** Pension de famille, 27, *rue Marbeuf.* (V. p. 69.)

Pension de Dames seules, 92, *rue du Cherche-Midi.* (V. p. 71.)

Pension de Famille Française, 18, *r. Clément-Marot* (V. p. 69.)

Pension de Famille 10, RUE CHALGRIN, PARIS, *avenue du Bois-de-Boulogne.* Maison spécialement recommandée par sa situation, près les Champs-Elysées et le Bois de Boulogne, par son confort et sa bonne tenue, et son excellente table, à partir de 7 francs par jour. — English spoken.

MARCEAU, propriétaire.

Pension de Famille, 78, *avenue Victor-Hugo,* Paris, près le bois de Boulogne, recommandée aux familles. Prix modérés. Family House.

Pension de Famille, 3, *rue Lapérouse,* Paris. (Voir page 71.)

Pension de Famille (Champs-Elysées), 10, *rue Chateaubriand;* élégante et confortable; table très soignée; conversation française; charmant jardin avec jeux. Prix modérés.

PHOTOGRAPHIE (Artistes)

Benque, 33, *rue Boissy-d'Anglas.* Exposition : 5, rue Royale.
MINIATURES SUR ÉMAUX Photographie à la lumière électrique.

Mulnier, Ladrey fils, succr, 25, *boulevard des Italiens,* Paris. — Portraits en tous genres.

PLUMEAUX

J.-E. Durup, ancienne maison P. Leullier et Cᵉ. Fabrication spéciale de plumeaux en tous genres, 13, *rue Vieille-du-Temple*, Paris. Exposition universelle 1889, médaille de bronze.

PLUMES MÉTALLIQUES

Mallat. (Voir page 56.)

POMPES

Beaume. (Voir page 58.).

PRODUITS PHARMACEUTIQUES

Chassaing. Vin de Chassaing. Phosphatine Fallières, etc. (V. p. 130.)

Extrait de Malt français Déjardin. (Voir page 60.)

Fer Bravais. (Voir page 64.)

Ferrouillat. Cigarettes. (V. p. 64.)

Eau des Jacobins

Ancien cordial très populaire d'une puissance merveilleuse, contre apoplexie, etc. **A. Gascard**, seul successeur des Fres Gascard, à **Bois-Guillaume**, près Rouen.

Pharmacie normale. (V. p. 68.)

Tarin. (V. page 60.)

Vin Vial. (Voir page 124.)

Weber (Ch.), pharm., 352, r. *St-Honoré*. Succurs. et dépôt gén. des remèdes électro-homœopath. du COMTE CÉSAR MATTEI, de Bologne (Italie).

Gérard et Cᵉ. Sirop Pierre Lamouroux, etc. (V. page de garde fin de volume).

Dr Cronier. Névralgies (V. p. 55.)

Levasseur. Asthme. (V. p. 55.)

RESTAURANTS

Grand Véfour. (V. p. 67.)

Dîner de Paris. (V. p. 66.)

Grand Restaurant du Bœuf à la Mode. (Voir page 66.)

Hôtel - Restaurant de la Tour d'Argent, 15, *quai de la Tournelle*, Paris, près les gares Lyon et Orléans. Maison Frédéric et ses créations spécialement recommandées.

Dîner Européen, 14, *boulevard des Italiens*. Entrée, 2, rue Le Peletier. Déjeuners 3 fr., dîners 5 fr., vin compris. Recommandé pour son grand confort et sa bonne cuisine.

Dîner du Rocher
Restaurant GEORGES
16, *passage Jouffroy*, Paris.
Le plus vaste établissement de ce genre. Bosquets de famille.
Déjeuner, 2 fr. — Dîner, 2 fr. 50.

Table d'hôte Blond, fondée en 1865. **Moine** (succʳ), 2, *boulevard Montmartre*, au 1ᵉʳ étage. — Déjeuner, 1 fr. 50. Dîner, 2 fr.

Taverne du Nègre. (V. p. 66.)

Maison **Vidrequin**, 40-41, *galerie Montpensier*, et 26, *rue Montpensier* (Palais-Royal). Recommandée. Déjeuner, 1 fr.; dîners, 1 fr. 25 et 1 fr. 50.

RHUM

Rhum St-James. (V. p. 129.)

ROBES et MANTEAUX

Thirion (Maison), 1, *boulevard de la Madeleine*, Paris. Jeunes filles, fillettes et enfants. Trousseaux, layettes.

SAGE-FEMME

Mᵉ Lachapelle. (V. page 124.)

SAUVETAGE (Appareils de)

Lelièvre, 98, *rue Montmartre*, Paris. CEINTURES DE SAUVETAGE, bouées, cordages, ficelles, APPAREILS DE GYMNASTIQUE.

SOURDS-MUETS

Institution pour l'éducation en famille des Sourds et Muets par la parole. Lecture sur les lèvres. M. A. HOUDIN, 38ᵉ année, 82, *rue de Longchamp*, Paris.

TAILLEUR POUR DAMES

Monti. (Voir page 54.)

TIRS

Gastinne-Renette ✳ ✚ NC⃞.
Fabrique d'Armes et Tirs au Pisto-
let, 39, *avenue d'Antin* (Champs-Élysées), Paris.

VEILLEUSES

Veilleuses françaises. Maison **Jeunet.** (Voir page 57.)

VÉLOCIPÈDES

Larippe. (Voir page 54.)
**The Conventry Machi-
nist's C⁰.** (Voir page 54.)

VERNIS

Boutemy, 10, *rue Brise-Miche,*
Paris. Fabrique, 1, *rue des Fillettes,*
à Saint-Denis — Vernis parisien à
l'alcool, Vernis brillant, toutes nuan-
ces, Vernis émail, opaque, mat, mor-
doré, à tampon, pour capsules, Sic-
catif pour parquet. — *Spécialité pour
l'exportation.*

VERRERIE

**Lengelé (A.) et C⁽ⁱᵉ⁾, 11, *rue
Martel,* Paris. Verrerie de fantaisie,
cylindres en verre pour pendules, objets d'art, etc. Usine : 2 *bis*, route
d'Aubervilliers, à Saint-Denis (Seine).

VINS

Samos naturel. (V. p. 64.)
St-Émilion. (V. page 126.)

VOITURES (Location de)

Brandin, 8, *rue de la Terrasse,*
Paris. Voitures de grande remise à la
journée et au mois.

Subiger, 12, *rue Bayard,*
Champs-Élysées. A. CUVILLIER, direct.

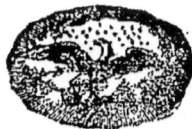

Chevaux
et
Voitures de luxe.
Location
Moderate price.

VOYAGES

Agence Lubin (V. p. 30.)

JARDIN ZOOLOGIQUE D'ACCLIMATATION
DU BOIS DE BOULOGNE
OUVERT TOUS LES JOURS AU PUBLIC

PRIX D'ENTRÉE		ABONNEMENTS	
En semaine......... 1 fr. »		Par personne. {	25 fr. par an.
Dimanche......... » fr. 50		{	15 fr. par semestre.
Voitures........... 3 fr. »		Voitures.... {	50 fr. par an.
		{	30 fr. par semestre.

COLLECTION DES ANIMAUX UTILES
DE TOUS LES PAYS
Et principalement de ceux que l'on cherche à naturaliser en France.

LES ÉLÉPHANTS, DROMADAIRES, AUTRUCHES, ZÈBRES ET PONEYS
Sont employés chaque jour à la promenade des Enfants.

CHENIL..... { Collection d'étalons et de Lices.

ÉCURIES.... { Girafes. Éléphants. Zèbres. Chevaux et Poneys. Cerfs et Biches. Antilopes.

CHALETS.... { Lamas. Chèvres. Yacks. Kangourous.

LAPINIÈRE. { Collect. des différentes races de lapins.

VOLIÈRES... { Faisans. Perdrix et Colombes Perroquets. Perruches. Oiseaux des îles. Paons.

PIÈCES D'EAU { Cygnes. Oies. Bernaches. Canards domestiques Canards de luxe. Sarcelles.

POULERIE... { Coqs et Poules des différentes races.

PIGEONNIER. { Pigeons voyageurs, de volière et autres.

OTARIES OU LIONS DE MER
et
PHOQUES
Repas de 2 à 5 heures.

LABORATOIRE DE PISCICULTURE

SINGERIE

GRAND JARDIN D'HIVER. — AQUARIUM

Le Jardin zoologique d'acclimatation vend et achète des animaux. Il vend aussi des plantes d'appartement provenant des cultures du Jardin d'acclimatation d'Hyères (Var). — S'adresser au bureau de l'Administration, près la porte d'entrée. GALERIES D'EXPOSITION et de VENTE des objets industriels utiles à l'agriculture, à l'horticulture, à l'entretien des animaux. — MATÉRIEL zoologique et horticole. — MUSÉE de la chasse et de la pêche.

MANÈGES. — L'École d'équitation met à la disposition des élèves des chevaux de toutes les tailles, de telle sorte que les cavaliers ne sont pas exposés à faire usage de montures disproportionnées. Le cachet de manège donne l'entrée du Jardin à l'élève et à la personne qui l'accompagne. Prix du cachet : 3 fr. 50. Omnibus spéciaux faisant le service des Manèges.

LIBRAIRIE. — On peut se procurer, à la librairie spéciale du Jardin d'Acclimatation, les ouvrages qui traitent d'agriculture, d'horticulture, d'histoire naturelle et d'acclimatation.

LAIT. — Envoyé à domicile, deux fois par jour, après les traites, en vases plombés.

BUFFET. — Déjeuners et dîners. — Rafraîchissements divers.

AVIS. — Les Catalogues et Prospectus publiés par le Jardin d'Acclimatation sont envoyés *franco*, en réponse à toute demande. Catalogue des Animaux et des œuvres mis en vente. Catalogue du Chenil, Prospectus des Manèges et de la Laiterie.

CINQUIÈME ANNÉE — Le Numéro : 5 centimes — CINQUIÈME ANNÉE

L'Éclair

Voir à la 2e page les dernières dépêches de la nuit.

Voir à la 2e page la Revue des journaux du matin.

Journal politique quotidien d'informations rapides, absolument indépendant.

ABONNEMENTS Pour toute la France 5 centimes par Numéro	Rédaction et Administration PARIS 21, r. Croix-des-Ps-Champs	ABONNEMENTS Pour toute la France 5 centimes par Numéro

Union postale : 3 mois, 8 fr. 70 ; 6 mois, 15 fr. 50 ; un an, 30 fr.

Le mieux informé, le plus complet et le plus intéressant de tous les grands journaux quotidiens.

L'ACTUALITÉ L'Éclair publie chaque matin une chronique très vivante et très documentée sur **LE FAIT DU JOUR**

LA POLITIQUE L'Éclair, tenant à se montrer d'une impartialité absolue envers tous les partis, n'a pas de ligne politique. A ce titre, *il convient à tous les fonctionnaires*, puisque son seul programme est la devise qu'il a choisie : **LA FRANCE AVANT TOUT**

INFORMATIONS L'Éclair est essentiellement un journal d'informations ; aussi, par la sûreté et la rapidité de ses renseignements et par le choix qu'il a apporté dans le recrutement de sa rédaction et de son reportage, justifie-t-il sa réputation d'être le journal **LE MIEUX INFORMÉ**

ROMANS L'Éclair, pour la publication de ses romans, s'est assuré la collaboration de MM. JEAN RICHEPIN, RENÉ MAIZEROY, JULES DE GASTYNE, MONTJOYEUX, CHABRILLAT, OSCAR MÉTÉNIER, L. DE GRAMONT, H. DEMESSE, MONTFERMEIL, G. MAILLARD, etc., c'est-à-dire des **AUTEURS LES PLUS AIMÉS DU PUBLIC**

OPINIONS L'Éclair publie chaque jour, sous la rubrique *Opinions*, des articles de FRANÇOIS COPPÉE, SÉVERINE, ÉDOUARD LOCKROY, ALBERT DELPIT, GEORGES THIÉBAUD, ALEXANDRE HEPP, GROSCLAUDE, GEORGES MONTORGUEIL, LOUIS DE GRAMONT, DUGUÉ DE LA FAUCONNERIE, JEAN DE BONNEFON, E. LEDRAIN, DE MÉNORVAL, GUSTAVE MESUREUR, ARSÈNE ALEXANDRE, Général IUNG, etc.

PARTIE FINANCIÈRE L'Éclair n'ayant aucune attache financière et refusant, par principe, d'entrer dans aucun Syndicat, ne fournira que des informations financières **ABSOLUMENT SURES ET DÉSINTÉRESSÉES**

PORTRAITS L'Éclair donne chaque matin, très soigneusement gravé,

LE PORTRAIT D'UN HOMME DU JOUR

Etabli sur le modèle des journaux américains, L'ÉCLAIR est avant tout un **journal d'informations rapides** ; *toutefois, toutes les rubriques y sont particulièrement soignées, de sorte que* **l'homme d'affaires, le boursier, le magistrat, le négociant, le sportsman,** *etc., peuvent se dispenser de recourir aux journaux spéciaux, L'ÉCLAIR leur donnant tous les renseignements qu'ils peuvent désirer.*

AVIS IMPORTANT. — La parfaite organisation de nos Messageries nou, permettant, non seulement de profiter, pour nos expéditions, des premiers trainss mais encore de paraître après tous les journaux du matin même, tous les abonnés de L'Éclair sont assurés de trouver chaque matin dans ce journal, outre les derniers télégrammes de la nuit, reçus par services spéciaux, la reproduction in-extenso des Dépêches, Nouvelles et Articles intéressants publiés par tous les journaux du matin sans exception.

25ᵉ Année. — Paris, 15 centimes le Numéro. — Départements et gares, 20 centimes

Le Gaulois

JOURNAL POLITIQUE ET QUOTIDIEN

2, RUE DROUOT

ARTHUR MEYER
Directeur

RÉDACTION
2, rue Drouot
de 2 h. à minuit

ABONNEMENTS
PETITES ANNONCES
RENSEIGNEMENTS
2, *rue Drouot*

ARTHUR MEYER
Directeur

ADMINISTRATION
2, rue Drouot
de 10 h. à 5 h.

ANNONCES
MM. Ch. Lagrange, Cerf
et Cᵒ, 6, pl. de la Bourse
Et à l'Administ. du Journal

Depuis le mois de juillet 1882, **le Gaulois**, dont M. Arthur Meyer a repris la direction, a de nouveau marqué sa place à la tête de la presse quotidienne de Paris.

Aucun journal n'est plus parisien que **le Gaulois**, par l'allure vive et mondaine de sa rédaction, par la variété et le piquant de ses informations. Aucun n'est plus résolument conservateur, plus fermement respectueux de tout ce qui est respectable.

Le Gaulois, le **Paris-Journal** et le **Clairon**, réunis en une seule feuille, ont résolu le problème de plaire à la fois aux lecteurs sérieux et à ceux qui veulent avant tout être distraits par leur journal.

La nature de la clientèle du **Gaulois**, dont le nombre s'accroît chaque jour à Paris et en province, donne une valeur exceptionnelle à sa publicité.

PRIX DES ABONNEMENTS

PARIS		DÉPARTEMENTS		ÉTRANGER	
Un mois. . 5 fr. »		Un mois. . 6 fr. »		Un mois. . 7 fr. »
Trois mois. 13 fr. 50		Trois mois. 16 fr. »		Trois mois. 18 fr. »
Six mois. . 27 fr. »		Six mois. . 32 fr.		Six mois. . 36 fr. »
Un an. . . 54 fr. »		Un an. . . 64 fr. »		Un an. . . 72 fr. »

Les frais de poste en plus pour les pays ne faisant
pas partie de l'Union postale.

PRIX DE LA PUBLICITÉ

RÉCLAMES DANS LE CORPS DU JOURNAL	20 et 10 fr.	LA LIGNE
FAITS DIVERS	9 fr.	—
ANNONCES ET RÉCLAMES DE 3ᵉ PAGE	6 fr.	—
ANNONCES DE LA 4ᵉ PAGE	2 fr. 50	—

Quatorzième année — Un Numéro : 15 centimes — Départements, 20 centimes.

AUGUSTE DUMONT
Fondateur

Rédaction
et Administration
8, rue Gluck, 8

Les manuscrits ne sont pas rendus.

Publicité de 1re et 2e page
8, rue Gluck, 8

GIL BLAS

Amuser les gens qui passent, leur plaire aujourd'hui et recommencer le lendemain.

(J. JANIN, préface de *Gil Blas*.)

8, rue Gluck, 8
PARIS

AUGUSTE DUMONT
Fondateur

ABONNEMENTS
PARIS, 3 mois, 13 fr. 50
DÉPART. 3 mois, 16 fr.
Etranger, 3 mois, 17 fr

Annonces, Réclames.
Paul Dollingen et Cie, 16, rue de la Grange-Batelière et à *Gil Blas*.

Journal quotidien d'Informations, d'Actualités, Littéraire, Politique, de Sport, d'Art, de Finance, de Science.

GIL BLAS est heureux de rappeler qu'il publie chaque semaine **Vingt-huit chroniques** signées :

Jean Ajalbert, Paul Adam, Paul Alexis, Alphonse Allais, Paul Bonnetain, Gustave Claudin, Alexandre Hepp, Paul Hervieu, Emmanuel Arène, Henry Becque, Paul Bourget, Baron de Vaux, Clément Clamant, Francis Chevassu, Carle des Perrières, Colombine, Albert Delpit, Dubut de Laforest, Léopold Lacour, Abraham Dreyfus, Georges d'Esparbès, Paul Foucher, Gustave Geffroy, Grosclaude, Gustave Guiches, Clovis Hugues, Jacqueline, Camille Lemonnier, Hugues Le Roux, René Maizeroy, Henri Lavedan, Guy de Maupassant, Oscar Méténier, Gabriel Maurey, Maurice Montégut, Marcel Prévost, Marcel Lheureux J. Ricard, Richepin, J. Renard, Maurice Talmeyr, Gilbert Augustin-Thierry, William Busnach.

Et chaque jour :

Nouvelles et Echos, par le **Diable Boiteux**; *A travers la politique*, par **Le Sage**; la *Chronique parlementaire*, par **Nitouche**; la *Critique dramatique*, par **Léon-Bernard Derosne**; la *Critique musicale*, par **Victor Wilder**; la *Soirée parisienne*, par **Monocle**; les *Propos de Coulisses*, par **Gautier Garguille**; les *Articles de grand reportage*, par **Jehan des Ruelles**; la *Vie militaire*, par **Charles Leser**; les *Faits du Jour*, par **Jean Pauwels**; les *Coulisses de la finance*, par **Don Caprice**; le *Monde judiciaire*, par **Maurice Talmeyr**; les *Propos du Docteur*, par le **Dr E. Monin**; le *Conseil municipal*, par **Mancellière**; la *Causerie littéraire* et la *Curiosité*, par **Paul Ginisty**; la *Vie sportive*, par le **baron de Vaux**; le *Sport*, par **The Farmer**.

GIL BLAS publie en **feuilletons** des romans principalement écrits pour nos lectrices par Camille **Lemonnier**, Emile **Bergerat**, René **Maizeroy**, Georges **Ohnet**, Paul **Bourget**, Emile **Zola**, etc.

PRIX DE LA PUBLICITÉ

Réclames dans le corps du journal	20 et 10 fr. la ligne.
Faits divers	10 fr. —
Annonces et Réclames de 3e page	7 fr. —
Annonces de la 4e page	3 fr. —

AVIS IMPORTANT

MM. les Voyageurs peuvent se procurer dans les gares et les librairies les Recueils suivants, seules publications officielles des chemins de fer, paraissant depuis quarante ans, avec le concours et sous le contrôle des Compagnies.

L'INDICATEUR-CHAIX (42e année), SEUL JOURNAL OFFICIEL, contenant les services de tous les chemins de fer français et internationaux publiés avec le concours et sous le contrôle des Compagnies. *Paraissant tous les dimanches.* — Prix : 75 cent.

LIVRET-CHAIX CONTINENTAL (46e année). Guide officiel des Voyageurs sur tous les chemins de fer de l'Europe et les principaux paquebots, indiquant les curiosités à voir dans les principales villes. — Deux volumes in-18 (format de poche). *Paraissant chaque mois.*

1er *Volume.* CHEMINS DE FER FRANÇAIS ; services maritimes : guide sommaire dans les principales villes ; voyages circulaires ; cartes des chemins de fer de la France et de l'Algérie. — Prix : 1 fr. 50.

2e *Volume.* — CHEMINS DE FER ETRANGERS ; trains français desservant les frontières : services franco-internationaux ; billets directs ; itinéraires tout faits ; services de la navigation maritime, fluviale, et sur les Lacs de l'Italie et de la Suisse ; Guide sommaire dans les principales villes étrangères : voyages circulaires ; carte coloriée de l'Europe centrale, à l'échelle de 1/2,400,000 (1 centimètre pour 24 kilomètres). — Prix : 2 fr.

LIVRETS-CHAIX SPÉCIAUX DES CINQ GRANDS RÉSEAUX FRANÇAIS (format de poche), avec carte. *Paraissant le 1er de chaque mois.*

OUEST. — ORLÉANS, MIDI, ÉTAT. — LYON. — NORD. — EST.

Prix de chaque livret : 40 cent.

LIVRET SPÉCIAL DE L'ALGÉRIE ET DE LA TUNISIE, avec Carte imprimée en deux couleurs. — Prix : 50 cent.

LIVRET-CHAIX SPÉCIAL DES ENVIRONS DE PARIS, avec *dix plans coloriés* : Chemin de fer de ceinture, Versailles, Bois de Boulogne, de Saint-Cloud, de Vincennes, Jardin d'acclimatation, Forêts de Saint-Germain, de Compiègne et de Fontainebleau. Carte générale des environs de Paris (Format de poche). *Paraissant le 1er de chaque mois.* — Prix : 1 fr. — Edition SANS LES PLANS COLORIÉS : 25 cent.

AUX VOYAGEURS

MM. les voyageurs consulteront très utilement, pour établir et suivre leur itinéraire, les **CARTES** *extraites du Grand Atlas des Chemins de fer qui se vendent séparément au prix de 3 et 4 fr. en feuilles.*

Ces cartes indiquent toutes les lignes en exploitation, en construction ou à construire.

NOUVEL ATLAS DES CHEMINS DE FER DE L'EUROPE. Bel album relié, composé de vingt cartes coloriées. — Prix : Paris, 60 fr ; Départements, 65 fr.

CARTE DES CHEMINS DE FER **DE L'EUROPE** au 1/2,400,000 (1 centimètre pour 24 kilomètres), en 4 feuilles imprimées en deux couleurs. — Dimensions totales : 2 m. 15 sur 1 m. 55. — Prix avec l'annexe : les 4 feuilles, 22 fr ; sur toile, avec étui, 32 fr.; montée sur gorge et rouleau, vernie, 36 fr. — Port en sus, pour la France, 1 fr. 50.

CARTE DES CHEMINS DE FER **DE LA FRANCE** au 1/800,000 (1 centimètre pour 8 kilomètres), avec carte de l'Algérie et des colonies, et les plans des principales villes de France, imprimée en deux couleurs sur quatre feuilles grand monde. — (Dimensions : 2 m. 15 sur 1 m. 55.) Indiquant toutes les stations, avec coloris spécial pour chaque réseau. Prix : les quatre feuilles, 22 fr.; sur toile, avec étui, 32 fr. ; montée sur gorge et rouleau, vernie, 36 fr. — Port en sus, pour la France, 1 fr. 50.

NOUVELLE **CARTE** DES CHEMINS DE FER **DE LA FRANCE** et de la **NAVIGATION**, à l'échelle de 1/1,200,000, imprimée en deux couleurs sur grand monde (1 m. 20 sur 0 m. 90). Cette carte, coloriée par réseaux, indique les lignes en construction, en exploitation, les lignes à voie unique et à double voie, toutes les stations, etc. Six cartouches contenant les cartes spéciales de Paris, Bordeaux, Lille, Lyon, Marseille et leurs environs, et la Corse complètent la carte. — Les cours d'eau sont imprimés en bleu. — Prix : en feuille, 6 fr. ; collée sur toile dans un étui, 9 fr. : montée sur gorge et rouleau, 11 fr. — Port en sus, 1 fr.

ANNUAIRE-CHAIX DES PRINCIPALES SOCIÉTÉS PAR ACTIONS.
Contenant des renseignements d'une utilité pratique sur les Compagnies de chemins de fer, les Institutions de crédit, les Banques, les Sociétés minières, de transport, industrielles, les Compagnies d'assurances, etc. — Une notice spéciale est consacrée à chaque Société, indiquant les noms et adresses des administrateurs, directeurs et des principaux chefs de service, — les dispositions essentielles des statuts, — les titres en circulation, — le revenu et le cours moyen des titres pour l'exercice 1890, — le cours du 1er décembre 1891 ou, à défaut, le dernier cours coté précédemment, — les époques et lieux de paiement des coupons, etc. — Une liste des Agents de change et une autre des principaux Banquiers complètent le volume. — Un volume in-18 de 300 pages. — Prix : cartonné, 2 fr.; par poste, en plus, 0 fr. 35.

CRÉDIT LYONNAIS

FONDÉ EN 1863

SOCIÉTÉ ANONYME — CAPITAL : 200 MILLIONS

LYON, SIÈGE SOCIAL : PALAIS DU COMMERCE.

PARIS : BOULEVARD DES ITALIENS.

AGENCES DANS PARIS

A Place du Théâtre-Français, 3.

B Rue Vivienne, 31 (Bourse).

D Rue Turbigo, 3 (Halles).

E Rue de Rivoli, 43.

G Rue Rambuteau, 14.

I Rue du Faub.-St-Antoine, 63.

J Boulevard Voltaire, 43.

K Rue du Temple, 201.

L Boulevard Saint-Denis, 10.

N Boulevard Magenta, 81.

P Place Clichy, 16

R Boulevard Haussmann, 53.

S R. du Faub.-St-Honoré, 150

T Boulevard Saint-Germain, 1.

U Boulevard Saint-Michel, 20.

V Rue de Rennes, 66.

X Boulevard St-Germain, 205.

Y Avenue des Gobelins, 14.

AB Rue de Flandre, 30.

AC Rue de Passy, 64.

AF Avenue des Ternes, 37.

AT Boulevard de Bercy, 1.

St-DENIS, 52, rue de Paris.

CRÉDIT LYONNAIS

AGENCES EN FRANCE ET EN ALGÉRIE

Aix-en-Pro-vence.	Calais-Saint-Pierre.	Lille.	Roanne.
Aix-les-Bains.	Cannes.	Limoges.	Romans.
Alais.	Carcassonne.	Mâcon.	Roubaix.
Alger (Algérie)	Cette.	Mans (Le).	Rouen.
Amiens.	Chalon-s.-Saône.	Marseille.	St-Chamond.
Angers.	Chambéry.	Mazamet.	Saint-Dizier.
Angoulême.	Charleville.	Menton.	Saint-Etienne.
Annecy.	Cholet.	Montpellier.	Saint-Germain-en-Laye.
Annonay.	Clerm.-Ferrand	Moulins.	
Armentières.	Cognac.	Nancy.	Saint-Quentin.
Arras.	Dijon.	Nantes.	Sedan.
Avignon.	Dunkerque.	Narbonne.	Thizy.
Bar-le-Duc.	Epernay.	Nevers.	Toulon.
Beaune.	Epinal.	Nice.	Toulouse.
Belleville-sur-Saône.	Fécamp.	Nîmes.	Tourcoing.
Besançon.	Flers.	Oran (Algérie).	Troyes.
Béziers.	Grasse.	Orléans.	Valence.
Bordeaux.	Gray.	Périgueux.	Valenciennes.
Bourg.	Grenoble.	Perpignan.	Versailles.
Caen.	Havre (Le).	Poitiers.	Vienne (Isère).
	Jarnac.	Reims.	Villefranche-s.-Saône.
	Libourne.	Rennes.	
		Rive-de-Gier.	Voiron.

AGENCES A L'ÉTRANGER

Alexandrie (Égypte)	Constantinople.	Moscou.	St-Pétersbourg.
Barcelone.	Genève.	Odessa.	Smyrne.
Bruxelles.	Londres.	Ostende (*l'Été*).	
Caire (Le).	Madrid.	Port-Saïd.	

Le Crédit Lyonnais fait toutes les opérations d'une maison de banque : Dépôts d'argent remboursables à vue et à échéance ; dépôts de titres; encaissement de coupons; ordres de Bourse; souscriptions; escompte de papier de commerce sur la France et l'étranger ; chèques et lettres de crédit sur tous pays; prêts sur titres français et étrangers; achat et vente de monnaies, matières et billets étrangers.

Service spécial de location de COFFRES-FORTS dans des conditions présentant toute garantie contre les risques d'incendie et de vol (compartiments depuis 5 francs par mois).

SOCIÉTÉ GÉNÉRALE

Pour favoriser le développement du Commerce
et de l'Industrie en France.

Société anonyme fondée par décret du 4 mai 1864.

CAPITAL : 120 MILLIONS

Siège social : 54 et 56, rue de Provence, à PARIS

OPÉRATIONS DE LA SOCIÉTÉ :

Comptes de Chèques. — Ordres de Bourse.
Bons à échéance fixe avec Coupons semestriels.
Payement et Escompte de Coupons.
Envois de Fonds (Départements, Algérie et Etranger).
Billets de Crédit circulaires.
Encaissement des Effets de Commerce.
Avances sur Titres
Opérations sur Titres. — Garde de Titres.
Souscriptions aux Émissions.
Renseignements sur les Valeurs de Bourse, etc.

BUREAUX DE QUARTIER DANS PARIS :

A. Rue Notre-Dame-des-Victoires, 48.
B. Boulevard Malesherbes, 37.
C. Rue de Turbigo, 38.
D. Rue du Bac, 13.
E. Rue Saint-Honoré, 221.
F. Rue Ste-Cr.-de-la-Bretonnerie, 34.
G. Boulevard Saint-Germain, 96.
H. Boulevard Voltaire, 21.
I. Boulevard Saint-Germain, 13.
J. Rue du Pont-Neuf, 24.
K. Rue de Passy, 56,
L. Rue de Clichy, 72.
M. Boulevard Magenta, 57.
N. Faubourg Saint-Honoré, 103.
O. Rue Saint-Antoine, 236.
P. Place de l'Opéra, 4.

R. Rue du Louvre, 42 (Bourse de Commerce).
S. Faubourg Poissonnière, 11.
U. Carrefour de la Croix-Rouge, 2.
V. Boulevard de Sébastopol, 114.
W. Rue de Flandre, 105.
Y. Rue des Archives, 59.
AB. Carrefour de Buci, 2.
AC. Rue Lecourbe, 93.
AD. Avenue des Ternes, 59.
AE. Avenue d'Orléans, 5.
AI. Rue Lafayette, 94.
AJ. Avenue des Champs-Elysées, 91.
AL. Rue Monge, 93.
AM. Boulevard Haussmann, 113.
AO. Rue Donizetti, 4 (16ᵉ arr.).

English and American Office : place de l'Opéra, 4.

BUREAUX DANS LA BANLIEUE DE PARIS :

Boulogne-s.-Seine, boul. de Strasb, 18.
Charenton (Saint-Maurice), rue Saint-Mandé, 8.

Neuilly-s.-Seine, av. de Neuilly, 52.
Saint-Denis, rue de Paris, 70,
Vincennes, rue de l'Hôtel-de-Ville, 5.

SOCIÉTÉ GÉNÉRALE

Pour favoriser le développement du Commerce et de l'Industrie en France

(*Suite*. Voir ci-contre.)

AGENCES DANS LES DÉPARTEMENTS

AGEN, place du Marché-Couvert.
AIX, rue du Lycée, 1.
ALAIS, rue Sauvage, 6.
ALBI. Lices-du-Nord, 3.
ALENÇON, place du Cours, 49.
AMIENS, rue Porion, 17 (près la Cathédrale)
ANGERS, rue d'Alsace, 15.
ANGOULÊME, rue de l'Arsenal, 27.
ANNECY, rue Sommeiller, 2.
ANNONAY, place des Cordeliers, 21.
APT, place des Quatre-Ormeaux, 2.
ARLES, rue de la République, 31.
ARRAS, rue des Murs-Saint-Vaast, 17.
AUCH, rue de Lorraine.
AURILLAC, place du Palais-de-Justice, 6.
AUXERRE, rue Française, 4.
AVIGNON, rue de la République, 25.
BAR-LE-DUC, rue Lapique, 2.
BAYONNE, rue Vainsot, 6.
BEAUVAIS, rue de l'Ecu, 45.
BELFORT, Faubourg de Montbéliard, 10.
BERGERAC, rue Neuve-d'Argenson, 71.
BESANÇON, Grande-Rue, 73.
BÉZIERS, place de la Citadelle, 17.
BLOIS, rue Haute, 17.
BORDEAUX, allées de Tourny, 30.
BOULOGNE-SUR-MER, rue Faidherbe, 73.
BOURGES, rue Coursalon, 36.
BREST, rue d'Aiguillon, 22.
BRIVE, rue et boulevard du Salan.
CAEN, place du Théâtre, 7.
CAHORS, rue Fénelon, 8.
CAMBRAI, rue Vanderbuch, 5.
CARCASSONNE, Grande-Rue, 71.
CARPENTRAS, rue Sainte-Marthe, 16.
CASTRES, Grande-Rue, 18.
CETTE, Quai de Bosc, 5.
CHALON-s.-SAONE, r. Port-Villiers, 18.
CHALONS-s.-MARNE, rue de Vaux, 7.
CHARTRES, rue Sainte-Même, 15.
CHATEAUROUX, Place Gambetta, 20.
CHAUMONT, rue de la Gare, 91.
CHERBOURG, rue François-Lavieille, 32.
CLERMONT-FERRAND, pl. Poids-de-Ville.
DAX, place de l'Hôtel-de-Ville.
DIEPPE, rue Toustain, 4.
DIJON, place Saint-Etienne, 6.
DOUAI, rue des Dominicains, 1.
DRAGUIGNAN, boulevard de l'Esplanade, 5.
DREUX, place du Palais-de-Justice, 3.
DUNKERQUE, rue de l'Eglise, 37.
EPERNAY, place Thiers, 4.
EPINAL, rue Claude-Gelée, 7.
FONTAINEBLEAU, rue de la Cloche, 22.
GAILLAC, boulevard Gambetta.
GRENOBLE, rue de la Liberté, 2.
HAVRE (LE) rue de la Bourse, 27.
HONFLEUR, rue Prémord, 21.
LA ROCHELLE, rue du Temple, 4.

LAVAL, rue de Strasbourg, 4.
LILLE, rue Esquermoise, 24.
LIMOGES, boulevard Louis-Blanc, 25.
LISIEUX, rue Olivier, 20.
LODEVE, boulevard Saint-Fulcrand, 7.
LORIENT, cours de la Bôve, 5.
LYON, rue de la République, 6.
— cours Morand, 13.
MACON, rue Lamartine, 17.
MANS (LE), rue des Minimes, 30.
MARMANDE, place de l'Eglise.
MARSEILLE, rue de Grignan, 43.
MONTAUBAN, rue Lacaze, 2.
MONTEREAU, Grande-Rue, 92.
MONTLUÇON, avenue de la Gare, 32.
MONTPELLIER, rue Saint-Guilhem, 31.
MOULINS, cours Choisy, 1.
NANCY, rue Saint-Dizier, 18.
NANTES, rue du Calvaire, 3.
NARBONNE, rue du Tribunal, 19.
NEVERS, rue Saint-Martin, 19.
NICE, rue Gioffredo, 64.
NIMES, place de la Salamandre, 10.
NIORT, rue Yvers, 11.
ORLEANS, rue d'Escures, 14.
PAU, rue Latapie, 5.
PÉRIGUEUX, r. du Quatre-Septembre, 4.
PERPIGNAN, rue Manuel, 2.
POITIERS, boulevard de la Préfecture.
PONT-AUDEMER, Grande-Rue, 72.
PUY (LE), boulevard Saint-Louis, 7.
REIMS, rue de Monsieur, 6.
RENNES, rue aux Foulons, 14.
RIVE-DE-GIER, Grande-Rue Féloin, 37.
ROANNE, rue de la Sous-Préfecture, 22.
RODEZ, rue de la Barrière, 18.
ROUBAIX, rue de l'Hospice, 40.
ROUEN, rue Jeanne-d'Arc, 80.
SAINT-BRIEUC, rue du Ruisseau-Josse, 1.
SAINT-ETIENNE, pl. de l'Hôtel-de-Ville, 6.
SAINT-GERMAIN, rue de la Paroisse, 5.
SAINT-LO, rue des Prés, 13.
SAINT-MALO, rue de Toulouse, 3.
SAINT-SERVAN, rue Ville-Pépin, 22.
SAINT-QUENTIN, rue des Canonniers, 9.
SAUMUR, rue du Marché-Noir, 19.
SEDAN, place du Rivage, 10.
SENS, rue Thénard, 3.
TARBES, rue Brauhauban, 38.
THIERS, rue des Grammonts, 8.
TOULON, place d'Armes, 18.
TOULOUSE, rue des Arts, 22.
TOURS, rue Corneille, 6.
TROYES, rue des Quinze-Vingts, 4.
VALENCE, rue des Alpes, 2.
VALENCIENNES, rue Saint-Géry, 71.
VERSAILLES, rue de la Pompe, 2.
— rue Royale, 23.
VICHY, r. Cunin-Gridaine (hôt. Guillermin)

Agence de Londres : 38, Lombard street, E. C.

COMPTOIR NATIONAL D'ESCOMPTE
DE PARIS
Société anonyme au capital de 80 millions de francs
SIÈGE SOCIAL : rue Bergère, 14

COMITÉ DE DIRECTION

M. DENORMANDIE, ✻, ancien gouverneur de la Banque de France, président.

M. MERCET, ✻, de la maison Périer frères.

M. BERGER, O. ✻, administrateur de la Banque impériale ottomane.

M. VLASTO, O ✻.

M. A. ROSTAND, ✻, directeur.

OPÉRATIONS DU COMPTOIR. — Escompte et Recouvrements, Chèques, Traites, Lettres de crédit, Avances sur titres, Ordres de Bourse, Garde de titres, Payement de coupons, Envois de Fonds (province et étranger). — Opérations avec l'extrême Orient.

BUREAUX DE QUARTIER DANS PARIS
A. Boulevard St-Germain, 173.
B. Boulevard St-Germain, 3.
C. Quai de la Râpée, 2.
D. Rue de Rambuteau, 11.
E. Rue de Turbigo, 16.
F. Place de la République, 21.
G. Rue de Flandre, 24.

AGENCES EN PROVINCE
Lyon, Marseille, Bordeaux, Nantes, Le Havre.

AGENCES A L'ÉTRANGER
Londres, Bombay, Calcutta, Shangaï, Hongkong, Han-Kow, Foochow, Yokohama, San-Francisco, Melbourne, Sydney, Tamatave, Tananarive.

Comptes de chèques à vue : 1 0/0.

BONS A ÉCHÉANCES FIXES :
A 6 mois . . . 2 0/0. — A un an . . . . 3 0/0.
A 2 ans . . 3 1/2 0/0. — A 3 ans. . . . 4 0/0.
A 4 ans et au delà: 4 1/2 0/0.

Le COMPTOIR tient un service spécial de Coffres-forts à la disposition du public (Compartiments depuis 5 francs par mois).

SOCIÉTÉ INTERNATIONALE DES WAGONS-LITS
et des Grands Express Européens

Services durant toute l'année.

ORIENT EXPRESS De Paris à Constantinople (par Vienne) en 68 heures
Départs de Paris à Vienne tous les jours, à six heures du soir.
— Bucharest et Constantinople, les jeudis à 6 h. 50 soir.
— Belgrade et Constantinople, les dimanches et mercredis, à 6 heures 50 soir.

SUD-EXPRESS De Londres à Paris, Bordeaux, Biarritz, Irun, Madrid et Lisbonne
Départs de Londres les lundis, mercredis et samedis, à 8 h. 20 et à 10 h. matin.
— Paris (gare du Nord), les lundis, mercredis et samedis, à 6 h. 30 soir, avec voiture directe de Paris pour Pau à l'aller.

CLUB-TRAIN
De Paris à Londres et vice-versa
Départ de Paris (Nord), à 3 h. 15 soir.
Départ de Londres, à 3 h. soir.

PENINSULAR-EXPRESS
De Londres tous les vendredis à 3 h.
De Paris (Nord) la nuit du vendredi au samedi, à 11 h. 53.

Services d'hiver

NICE-EXPRESS Tous les jours entre Paris et le littoral.
Départs de Paris (gare du Nord), 7 h. 40 soir.

MEDITERRANEE-EXPRESS de Londres vers le littoral.
Les mardis, jeudis et samedis. Départs de Paris (gare du Nord), 11 h. 53.
— En correspondance directe avec la Belgique, la Hollande et l'Allemagne par les trains comprenant un wagon-restaurant et arrivant à Paris (gare du Nord), les mardis, jeudis et samedis à 11 h. 33 soir.

CALAIS-ROME-EXPRESS De Londres et Paris à Rome.
De Londres, le lundi à 3 heures 15 soir.
De Paris (Nord), la nuit du lundi à mardi à 11 heures 53.

Services d'été

PYRÉNÉES-EXPRESS De Paris à Bordeaux, Luchon et Biarritz.
Départ de Paris (Gare du Nord), les mardis, jeudis, à six heures 53 soir.

SUISSE-EXPRESS Londres et Calais à Bâle et Lucerne.
Départ de Calais les mercredis et samedis, à 6 heures 50 du soir.

Services de wagons-restaurant et salons entre Paris-Bruxelles (2 services); Paris-Le Havre (2 services); Paris-Lille; Paris-Châlons-sur-Marne; Paris-Nancy; Paris-Bordeaux; Vienne-Dresde, Vienne-Budapest (via Marchegg, Budapest-Karansebes), Vienne-Tetschen; Flessingue-Venlo; Neustrelitz-Warnemunde; Hambourg-Rostock; Bruxelles-Verviers; Liège-Erquelines; Alger-Oran; Budapest-Koloswar; Koloswar-Brasso; Budapest-Zimony-Belgrade; Budapest-Kassa; Woërgl-Buchs; Verviers-Liège-Erquelines; Budapest-Bruck; Paris-Angers; Paris-Marseille.
A ajouter durant l'été: Mâcon-Genève; Paris-Nevers; Paris-Trouville; Francfort-Eger; Bâle-Milan (service de salons).

Services de voitures-lits entre: Bâle-Milan; Bordeaux-Toulouse; Cette-Marseille; Bucarest-Galatz; Bucarest-Jassy; Budapest-Arap; Peski-Budapest; Bucarest-Budapest; Kassa-Budapest; Koloszvar-Prédéal; Budapest-Galantha; Breslau-Berlin; Budapest-Vienne (via Bruck S. L.); Budapest-Zagreb; Calais-Bâle; Calais-Bruxelles; Calais-Cologne; Cologne-Ostende; Constantinople-Belleva; Francfort-Bâle; Lisbonne-Porto; Madrid-Barcelone; Madrid-Séville; Mayence-Vienne; Messine-Palerme; Milan-Florence; Rome-Milan; Pise-Rome; Milan-Venise; Ponteppa-Naples; Brindisi-Ostende; Bâle-Paris; Bâle-Zurich; Vienne-Paris; Bordeaux-Madrid; Paris-Cologne; Paris-Francfort-sur-Mein; Paris-Marseille; Vintimille-Paris; Modane-Rome; Rome-Naple; Reggio-Rome-Turin; S.-Pétersbourg-Varsovie; Varsovie-Moscou; Vienne-Berlin; Vienne-Budapest (via Marchegg); Vienne-Cracovie-Podwolsczyska; Vienne-Prague; Vienne-Varsovie; Vienne-Venise-Rome.
A ajouter durant l'été: Paris-Berne; Paris-Genève; Vienne-Franzensbad; Vienne-Ischl (Russie).

**Retenir ses places aux agences de la Compagnie Internationales des Wagons-Lits, à Paris, 3, place de l'Opéra; à Londres, 122, Pall Mall; à Bruxelles, hôtel de Belle-Vue; à Vienne, 15, Kärnthner Ring, et dans toutes les principales villes d'Europe.

CHEMINS DE FER DE L'ÉTAT

BILLETS DE BAINS DE MER AU DÉPART DE PARIS

Billets d'aller et retour à prix réduits, valables 33 jours,
non compris le jour de la délivrance,
avec prolongation facultative moyennant le payement d'une surtaxe.

Pour **Royan, La Tremblade** (Ronce-les-Bains), **Le Chapus, Le Château** (Ile d'Oléron), **Marennes, Fouras, Châtelaillon, La Rochelle, Les Sables-d'Olonne, Saint-Gilles-Croix-de-Vie, Challans** (Ile de Noirmoutier, **Ile d'Yeu, Saint-Jean-de-Monts**), **Bourgneuf** (Ile de Noirmoutier), **Les Moutiers, La Bernerie, Pornic, Saint-Père-en-Retz** (Saint-Brévin-l'Océan), **Paimbeuf** (Saint-Brévin-l'Océan).

Ces billets sont délivrés du 1er Mai au 31 octobre.

Pour **Royan, La Tremblade, Le Chapus, Le Château,** (Ile d'Oléron), **Marennes, Fouras, Châtelaillon, La Rochelle, Les Sables-d'Olonne** et **Saint-Gilles-Croix-de-Vie**, le trajet peut s'effectuer au choix des Voyageurs, soit par Chartres (départ par la gare de Paris-Montparnasse), soit par Tours (départ par la gare de Paris-Austerlitz, changement de réseau à Tours). Quelle que soit la voie suivie à l'aller, les coupons de retour sont valables, soit par Chartres, arrivée à Paris-Montparnasse, soit par Tours-Transit, arrivée à Paris-Austerlitz.

Pour **Challans, Bourgneuf, Les Moutiers, La Bernerie, Pornic, Saint-Père-en-Retz** et **Paimbeuf**, le trajet peut s'effectuer, au choix des Voyageurs, soit par voie mixte Ouest-État *via* Segré et Nantes-État-transit, soit par voie mixte Ouest-Orléans-État *via* Angers-Saint-Laud-transit et Nantes-Orléans-transit (départ de Paris et retour à Paris par la gare de Montparnasse ou la gare St-Lazare). Quelle que soit la voie suivie à l'aller, les coupons de retour sont valables indifféremment par l'une ou par l'autre voie. En outre, les Voyageurs porteurs de billets de Bains de Mer pour **Paimbeuf** ont la faculté d'effectuer sans supplément de prix, soit à l'aller, soit au retour, le trajet entre Nantes et Paimbeuf, dans les bateaux de la Compagnie de Navigation de la Basse-Loire.

(*Pour les prix et les conditions, voir le Tarif spécial G. V. n° 16 des Chemins de fer de l'État.*)

BILLETS DE BAINS DE MER

DÉLIVRÉS DANS TOUTES LES GARES DU RÉSEAU DE L'ÉTAT AUTRES QUE PARIS
| *Billets d'aller et retour à prix réduits, valables 33 jours*
non compris le jour de la délivrance,
avec prolongation facultative moyennant le payement d'une surtaxe.

Ces billets sont délivrés pendant la période du 1er mai au 31 octobre pour les destinations de **Royan, La Tremblade** (Ronce-les-Bains), **Le Chapus, Le Château** (Ile d'Oléron), **Marennes, Fouras, Châtelaillon, La Rochelle, Les Sables-d'Olonne, Saint-Gilles-Croix-de-Vie, Challans** (Ile de Noirmoutier, **Ile d'Yeu, Saint-Jean-de-Monts**), **Bourgneuf** (Ile de Noirmoutier), **Les Moutiers, La Bernerie, Pornic, Saint-Père-en-Retz** (Saint-Brévin-l'Océan), **Paimbeuf** (Saint-Brévin-l'Océan) par toutes les gares, stations et haltes du réseau de l'État (Paris excepté).

(*Pour les prix et les conditions, voir le Tarif spécial G. V. n° 12 des Chemins de fer de l'État.*)

BILLETS D'ALLER ET RETOUR
DE TOUTE GARE A TOUTE GARE

Il est délivré, tous les jours, par toutes les gares, stations et haltes du réseau de l'État et pour tous les parcours sur ce réseau, des billets d'aller et retour à prix réduits.

Les coupons de retour sont valables, pour les trajets jusqu'à 100 kilomètres, pendant la journée de l'émission et les deux journées suivantes; pour les trajets de plus de 100 kilomètres, un jour de plus par 100 kilomètres ou fraction de 100 kil.

Les voyageurs ont le droit de prendre, au retour, tout train dans lequel ils peuvent monter le jour de l'expiration de la validité avant minuit, lors même que ce train ne pourrait les ramener à leur point de départ qu'après minuit.

Si le délai de validité expire un Dimanche ou un jour de Fête, ce délai est augmenté de 24 heures. Si le jour où expire le délai de la validité d'un billet d'aller et retour est un Dimanche suivi d'un jour de Fête, ou jour de Fête suivi d'un Dimanche, le délai est augmenté de 48 heures.

(*Pour les autres conditions, voir le Tarif spécial G.V. n° 2 des Chemins de fer de l'État.*)

CHEMIN DE FER DE PARIS A ORLÉANS

BAINS DE MER DE L'OCÉAN

BILLETS D'ALLER ET RETOUR A PRIX RÉDUITS
VALABLES PENDANT 33 JOURS

Du 1er Mai au 31 Octobre il est délivré des BILLETS ALLER ET RETOUR de toutes classes, à prix réduits, par toutes les gares du réseau pour les stations balnéaires ci-après :

St-Nazaire, — Pornichet. — Escoublac-la-Baule. — Le Pouliguen. — Batz. — Le Croisic. — Guérande. — Vannes (Port-Navalo, Saint-Gildas-de-Ruiz). — Plouharnel-Carnac. — Saint-Pierre-Quiberon. — Quiberon (Belle-Isle-en-Mer). — Lorient (Port-Louis, Larmor). — Quimperlé (Pouldu). — Concarneau (Beg-Meil, Fouesnant). — Quimper (Benodet). — Pont-l'Abbé (Langoz, Loctudy). — Douarnenez — Chateaulin (Pentrey, Crozon, Morgat).

SAISON THERMALE DE 1892
DE PARIS AU MONT-DORE ET A LA BOURBOULE
Durée du Trajet : 11 h. à l'Aller et au Retour.

Un double service direct par train express de jour et de nuit est organisé entre PARIS et LAQUEUILLE, par Montluçon et Eygurande, pour desservir les stations thermales du MONT-DORE et de LA BOURBOULE.

Les trains comprennent des voitures de toutes classes et habituellement des places de lits-toilette au départ de Paris et de Laqueuille.

Du MONT-DORE et de LA BOURBOULE
à ROYAT et CLERMONT-FERRAND et vice versâ
Billets d'aller et retour à prix réduits, valables pendant 3 jours.

BILLETS D'ALLER ET RETOUR DE FAMILLE
POUR LES STATIONS THERMALES DE
Chamblet-Néris (NÉRIS), Moulins (BOURBON-L'ARCHAMBAULT)
Laqueuille (LA BOURBOULE et le MONT-DORE) ROYAT

Réduction de 50 0/0 pour chaque membre de la famille en plus du troisième.

Il est délivré, du 15 Mai au 15 septembre, dans toutes les gares du réseau, sous condition d'effectuer un parcours minimum de 300 kilomètres (aller et retour), aux familles d'au moins quatre personnes payant place entière et voyageant ensemble, des Billets d'Aller et Retour collectifs de 1re, 2e et 3e classe pour les stations ci-dessus indiquées.

Les Billets sont établis par l'itinéraire à la convenance du Public ; l'itinéraire peut n'être pas le même à l'Aller et au Retour.

Durée de validité : 30 jours, non compris le jour du départ.

BILLETS DE FAMILLE

Des BILLETS DE FAMILLE de 1re et 2e classe, à prix réduits, suivant le nombre de personnes, sont délivrés à toutes les gares du réseau pour les stations thermales et balnéaires du Midi, ci-après désignées et sous réserve d'un parcours de 500 kilomètres au moins, aller et retour compris :

TOUTE L'ANNÉE
Pour Arcachon, Biarritz, Dax, Guéthary, Pau, Saint-Jean-de-Luz et Salies-de-Béarn.

ET DU 1er MAI AU 31 OCTOBRE
Pour Alet, Argelès-Vieuzac, Ax, Bagnères-de-Bigorre, Bagnères-de-Luchon, Capvern, Couiza-Montazels, Hendaye, Laruns-Eaux-Bonnes, Oloron-Sainte Marie, Pierrefitte-Nestalas, Saint-Girons, Salies-du-Salat et Ussat-les-Bains.

LES BILLETS DOIVENT ÊTRE DEMANDÉS A L'AVANCE
Envoi de Prospectus détaillés et de Livrets de voyages circulaires, etc., sur demande.

Adresser les demandes à l'Administration centrale, 1, place Valhubert, Paris.

CHEMINS DE FER DU MIDI

VOYAGE A PRIX RÉDUITS AUX PYRÉNÉES

Billets délivrés toute l'année et valables pendant 20 jours (1), non compris le jour du départ, avec facilité d'arrêt à toutes les stations du parcours.

PRIX DES BILLETS ET DÉSIGNATION DES PARCOURS :

75 fr.[2] 1re classe. — 56 fr.[2] 2e classe, pour l'un des trois parcours suivants :

1er parcours. — Bordeaux-St-Jean — Agen — Montauban — Toulouse-Matabiau — Montréjeau — Bagnères-de-Luchon — Tarbes — Bagnères-de-Bigorre — Mont-de-Marsan — Arcachon — Bordeaux-St-Jean.

2e parcours. — Bordeaux-St-Jean. — Agen. — Montauban. — Toulouse-Matabiau. — Montréjeau. — Bagnères-de-Luchon — Tarbes — Bagnères-de-Bigorre — Pierrefitte-Nestalas — Pau — Bayonne — Hendaye — Irun* — Dax — Arcachon — Bordeaux-St-Jean.

3e parcours. — Bordeaux-St-Jean — Arcachon — Mont-de-Marsan — Tarbes — Bagnères-de-Bigorre — Montréjeau — Luchon — Pierrefitte-Nestalas — Pau — Bayonne — Hendaye — Irun* — Dax — Bordeaux-St-Jean

100 fr.[2] 1re classe. — 75 fr.[2] 2e classe, pour l'un des quatre parcours suivants :

4e parcours. — Bordeaux-St-Jean — Agen — Montauban — Toulouse-Matabiau — Castelnaudary-Carcassonne — Narbonne — Béziers — Cette — Toulouse-Matabiau — Montréjeau — Bagnères-de-Luchon — Tarbes — Bagnères-de-Bigorre — Mont-de-Marsan — Arcachon — Bordeaux-St-Jean.

5e parcours. — Bordeaux-St-Jean — Agen — Montauban — Toulouse-Matabiau — Castelnaudary — Carcassonne — Narbonne — Béziers — Cette — Toulouse-Matabiau — Montréjeau — Bagnères-de-Luchon — Tarbes — Bagnères-de-Bigorre — Pierrefitte-Nestalas — Pau — Bayonne — Hendaye — Irun* — Dax — Arcachon — Bordeaux-St-Jean.

6e parcours. — Bordeaux-St-Jean — Agen — Montauban — Toulouse-Matabiau — Castelnaudary — Carcassonne — Narbonne — Perpignan — Cerbère — Port-Bou** — Toulouse-Matabiau — Montréjeau — Bagnères-de-Luchon — Tarbes — Bagnères-de-Bigorre — Mont-de-Marsan — Arcachon — Bordeaux-St-Jean.

7e parcours. — Bordeaux-St-Jean — Agen — Montauban — Toulouse-Matabiau — Castelnaudary — Carcassonne — Narbonne — Perpignan — Cerbère — Port Bou** — Toulouse-Matabiau — Montréjeau — Bagnères-de-Luchon — Tarbes — Bagnères-de-Bigorre — Pierrefitte-Nestalas — Pau — Bayonne — Hendaye — Irun* — Dax — Arcachon — Bordeaux-St-Jean.

Les billets sont délivrés dans les stations indiquées ci-dessus ; ils peuvent être pris à l'avance et sont valables à partir du jour où ils ont été timbrés par la station de départ.

Le billet est personnel. — Le voyageur est tenu d'y apposer sa signature au moment de la délivrance, et de la reproduire toutes les fois qu'il en est requis.

Au-dessous de trois ans, les enfants sont transportés gratuitement ; de trois à sept ans, ils payent demi-place ; au-dessus de sept ans, ils payent place entière.

Le voyage peut s'effectuer sur chacun des parcours désignés ci-dessus, de l'une quelconque des stations explicitement mentionnées sur ce parcours, et le voyageur peut choisir l'une ou l'autre des directions qui peuvent être suivies à partir de la station de départ. Le voyageur peut s'arrêter à toutes les stations du réseau situées sur celui du parcours circulaire qu'il a choisi, à la seule condition de faire estampiller son billet dans chaque station d'arrêt, au moment de l'arrivée.

Le voyageur a droit au transport gratuit de 30 kilog. de bagages. Cette franchise est réduite à 20 kilog. pour les enfants transportés à moitié prix.

Des billets spéciaux d'aller et retour, en 1re et 2e classes, comportant une réduction de 25 p. 100 sur le prix du tarif, sont délivrés au départ de toutes les stations situées sur les embranchements avec les dits itinéraires. La demande de ces billets doit être faite, au moins trois jours à l'avance, au chef de la station de départ ; elle n'est admise que si le voyageur demande, en même temps, un billet de voyage circulaire. Réciproquement, les voyageurs porteurs de billets de voyages circulaires trouvent à leur passage, dans les gares de bifurcation, des billets d'aller et retour avec une réduction de 25 p. 100 pour toutes les stations des embranchements non compris dans l'itinéraire du voyage qu'ils effectuent. Chacun de ces billets spéciaux donne droit à un jour d'augmentation du délai de validité du billet circulaire dont le voyageur est porteur.

(1) La durée de la validité des billets peut être prolongée d'une ou deux périodes de dix jours moyennant payement, pour chaque période, d'un supplément égal à 10 p. 100 de la valeur des billets et à la condition expresse que la demande de prolongation soit faite avant l'expiration de la durée primitive ou de la durée prolongée.

(2) Ces prix seront réduits, à partir du 1er avril 1892, du montant de l'impôt du 10e.

(*) Dans le sens du nord au sud, le parcours s'étend jusqu'à Irun. Dans le sens inverse, il a Hendaye comme point d'origine.

(**) Dans le sens du nord au sud le parcours s'étend jusqu'à Port-Bou. Dans le sens inverse, il a Cerbère comme point d'origine.

CHEMINS DE FER DE L'OUEST
EXCURSIONS
SUR LES
Côtes de Normandie, en Bretagne et à l'île de Jersey
BILLETS CIRCULAIRES, valables pendant un mois (1).

1re CLASSE 60fr. 1er ITINÉRAIRE 45fr. 2e CLASSE

Paris — Rouen — Le Havre — Fécamp Saint-Valery. — Dieppe — Le Tréport. — Arques —Forges-les-Eaux. — Gisors. — Paris.

1re CLASSE 60fr. 2e ITINÉRAIRE 45fr. 2e CLASSE

Paris — Rouen — Dieppe — Saint-Valéry — Fécamp — Le Havre — Rouen — Honfleur ou Trouville-Deauville—Caen—Paris.

1re CLASSE 80fr. 3e ITINÉRAIRE 65fr. 2e CLASSE

Paris — Rouen — Dieppe — Saint-Valéry —Fécamp — Le Havre—Rouen —Honfleur ou Trouville — Cherbourg — Caen —Paris.

1re CLASSE 90fr. 4e ITINÉRAIRE 70fr. 2e CLASSE

Paris— Granville — Avranches — Mont-Saint-Michel — Dol — St-Malo — Dinard —Dinan (2)— Rennes — Le Mans — Paris.

1re CLASSE 100fr. 5e ITINÉRAIRE 80fr. 2e CLASSE

Paris —Cherbourg — Saint-Lô (ou Port-Bail — Carteret) — Granville — Avranches — Mont-Saint-Michel — Dol — St-Malo — Dinard —Dinan(2)—Rennes — Le Mans — Paris.

1re CLASSE 100fr. 6e ITINÉRAIRE 80fr. 2e CLASSE

Paris — Rouen — Dieppe — St-Valery— Fécamp — Le Havre — Rouen —Honfleur ou Trouville — Caen — Cherbourg — St-Lô (ou Port-Bail — Carteret) — Granville — Dreux — Paris.

1re CLASSE 120fr. 7e ITINÉRAIRE 100fr. 2e CLASSE

Paris— Rouen — Dieppe — Saint-Valery Fécamp — Le Havre — Rouen —Honfleur ou Trouville —Caen — Cherbourg — St-Lô (ou Port-Bail — Carteret) — Granville — Avranches — Mont-Saint-Michel — Dol — Saint-Malo — Dinard — Dinan (2)— Rennes — Laval — Le Mans — Chartres — Paris.

1re CLASSE 120fr. 8e ITINÉRAIRE 100fr. 2e CLASSE

Paris—Granville — Avranches —Mont-Saint-Michel — Dol — Saint-Malo — Dinard — Dinan — Saint-Brieuc — Lannion — Morlaix — Roscoff — Brest — Rennes — Le Mans — Paris.

1re CLASSE 130fr. 9e ITINÉRAIRE 110fr. 2e CLASSE

Paris — Caen — Cherbourg — Saint-Lô (ou Port-Bail— Carteret) — Granville — Avranches — Mont-Saint-Michel — Dol — St-Malo — Dinard — Dinan — Saint-Brieuc — Lannion — Morlaix — Roscoff — Brest — Rennes — Vitré — Laval — Le Mans — Chartres — Paris.

Les 10e, 11e, 12e et 14e itinéraires sont délivrés au départ du Mans, de Rouen, d'Angers et de Caen.

1re CLASSE 105fr. 13e ITINÉRAIRE 80fr. 2e CLASSE

Paris — Granville — Jersey (St-Hélier) — St-Malo-St-Servan — Pontorson — Mont St-Michel — St-Malo-St-Servan — Dinard — Dinan — St-Brieuc — Rennes — Vitré — Laval — Le Mans — Chartres — Paris.

Les Billets sont délivrés à Paris, aux Gares Saint-Lazare et Montparnasse et aux Bureaux de Ville de la Compagnie.

(1) La durée de ces billets peut être prolongée d'un mois, moyennant la perception d'un droit de 10 p. 100, si la prolongation est demandée, aux principales gares dénommées aux itinéraires, pour un billet non périmé.
(2) Lamballe ou Saint-Brieuc moyennant supplément.

CHEMINS DE FER DE L'OUEST ET DU LONDON BRIGHTON
SERVICES QUOTIDIENS DE PARIS A LONDRES par Rouen, Dieppe et Newhaven

En 9 HEURES 1/2 par service de JOUR (1) | En 11 HEURES par service de NUIT
SERVICES A HEURES FIXES TOUTE L'ANNÉE

Départs de PARIS St-Lazare à 9 h. m. et 8 h. 50 s. — Départs de LONDRES à 9 h. m. et 9 h. s.

Billets simples, valables pendant 7 jours | Billets d'aller et retour valables pour 1 mois

1re CLASSE	2e CLASSE	3e CLASSE	1re CLASSE	2e CLASSE	3e CLASSE
41 fr. 25	30 fr. »	24 fr. 25	68 fr. 75	48 fr. 75	37 fr. 50

Plus 2 fr. par billet pour droit de port à Dieppe et à Newhaven. | Plus 4 fr. par billet pour droit de port à Dieppe et à Newhaven.

(1) Pendant la saison d'été seulement.

BAINS DE MER
Billets d'Aller et Retour à prix réduits
DÉLIVRÉS DU 1er MAI AU 31 OCTOBRE

Par suite du dégrèvement de l'impôt de la grande vitesse, les prix indiqués ci-dessous seront légèrement abaissés dans le courant de l'année 1892.

1° Billets individuels valables du Vendredi (1) au Lundi

DE PARIS AUX GARES SUIVANTES	1re classe.		2e classe	
	Fr.	C.	Fr.	C.
DIEPPE. — Pourville, Puys, Berneval, Criel....................	30	»	22	»
LE TRÉPORT. — Mers...........................	33	20	23	60
CANY. — Veulettes, les Petites-Dalles....................				
SAINT-VALÉRY-EN-CAUX. — Veules................				
LE HAVRE. — Sainte-Adresse, Bruneval............				
LES IFS. — Etretat, Vaucottes-sur-Mer, Bruneval........				
FÉCAMP. — Yport, Etretat, Vaucottes-s.-Mer, Bruneval, les Petites-Dalles, Saint-Pierre-en-Port.....................	33	»	24	»
TROUVILLE-DEAUVILLE. — Villerville.................				
VILLERS-SUR-MER...........................				
HONFLEUR...................................				
CAEN......................................				
CABOURG. — Le Home-Varaville.................				
DIVES.....................................	37	»	27	»
BEUZEVAL. — Houlgate				
LUC, LION-SUR-MER, LANGRUNE. ⎫ Ces prix comprennent				
SAINT-AUBIN, BERNIÈRES........⎬ le parcours total				
COURSEULLES — Ver-sur-Mer.... ⎭ par chemin de fer.	38	»	28	»
BAYEUX. — Arromanches, Port-en-Bessin, St-Laurent-s.-M., Asnelles.	40	»	30	»
ISIGNY. — Grand-Camp, Sainte-Marie-du-Mont..........	44	»	33	»
MONTEBOURG et VALOGNES. — Quineville, St-Vaast-la-Hougue (parcours par le chemin départemental de MONTEBOURG et VALOGNES à BARFLEUR, non compris dans le prix du billet...............	50	»	38	»
CHERBOURG..................................	55	»	42	»
PORT-BAIL ET CARTERET......................	60	»	46	»
COUTANCES. — Agon, Coutainville, Régneville..........	57	»	44	»
GRANVILLE. — Donville, Saint-Pair, Bouillon-Jullouville, Carolles, Saint-Jean-le-Thomas.....................	50	»	38	»
ST-MALO-ST-SERVAN. — Paramé. ⎫ St-Enogat, St-Lunaire, St-Briac.				
DINARD.................................. ⎬	66	»	50	»
LAMBALLE. — Pleneuf, le Val-André, Erquy, La Garde-St-Cast et Saint-Jacut-de-la-Mer par la gare de Plancoët................				
SAINT-BRIEUC. — Portrieux, Saint-Quay.............	68	»	51	»
LANNION. — Perros-Guirec......................	79	»	59	»
MORLAIX. — Saint-Jean-du-Doigt.................	81	»	61	»
SAINT-POL-DE-LÉON............................	85	»	64	»
ROSCOFF. — Ile de Batz......................	85	»	64	»
BREST......................................	90	»	67	50
SAINT-NAZAIRE*.............................	66	»	50	»
Eaux ⎰FORGES-LES-EAUX (S.-Inf.), ligne de Dieppe par Gournay.	21	45	16	05
Thermales⎱BAGNOLES-DE-L'ORNE, par Briouze..............	45	»	34	»

DÉPART par tous les trains du **Vendredi** (1), du **Samedi** et du **Dimanche**.
RETOUR par tous les trains du **Dimanche** et du **Lundi** seulement (1).

(1) Toutefois ces billets sont valables le Jeudi par les trains partant de Paris dès 6 h. 30 s.

Par exception, les billets pour **Saint-Malo, Dinard, Lamballe, Saint-Brieuc, Lannion, Morlaix, Saint-Pol-de-Léon, Roscoff, Brest** et **Saint-Nazaire** sont valables au retour jusqu'au **Mardi** inclusivement.

2° Billets de 1re et de 2e classe valables pendant 33 jours (non compris le jour de la délivrance) pour les familles d'au moins quatre personnes payant place entière et voyageant ensemble (deux enfants de 3 à 7 ans payant demi-place comptent pour une personne). — Les billets de famille comportent une réduction de 40 0/0 sur les prix du Tarif général, sans toutefois que les prix à percevoir puissent être inférieurs aux prix pleins du Tarif général applicables à un parcours de 250 kilomètres (minima de perception : 61 fr. 60 par place de première classe, ou 46 fr. 20 par place de deuxième classe, aller et retour).

CHEMINS DE FER DE L'EST

I° RELATIONS DIRECTES DE LA COMPAGNIE DE L'EST
(SERVICES PERMANENTS)

a) Avec l'Autriche-Hongrie, la Roumanie, la Serbie, la Bulgarie et la Turquie :
    1° *Viâ* Avricourt-Strasbourg (train d'Orient);
    2° *Viâ* Belfort-Bâle, la Suisse orientale et l'Arlberg (trains rapides);
b) Avec la Suisse et l'Italie, *viâ* Belfort-Bâle (trains rapides);
c) Avec Mayence, Wiesbaden et Francfort-sur-Mein, *viâ* Metz-Sarrebrück (trains rapides).
d) Avec Luxembourg (charmante ville dans une situation fort pittoresque), *viâ* Longuyon-Longwy et Rodange (trains directs).

II° VOYAGES CIRCULAIRES ET EXCURSIONS A PRIX RÉDUITS
(SAISON D'ÉTÉ)

A. — EN FRANCE

Voyages circulaires à prix réduits pour visiter les Vosges et Belfort, avec arrêt facultatif dans toutes les villes du parcours :
    1° De Paris à Paris ;
    2° De Laon à Laon ;
    3° De Nancy à Nancy { *a)* *viâ* Blainville, Charmes ;
                     { *b)* *viâ* Pagny-sur-Meuse, Vaucouleurs.

B. — A L'ÉTRANGER

    1° Billets d'aller et retour de Paris à Bâle, Lucerne et Zurich (*viâ* Belfort-Delle ou Belfort-Petit-Croix).
    2° Voyage circulaire pour visiter la vallée de la Meuse, Hastière et Dinant.
    3° Voyage circulaire pour visiter le Luxembourg et la Belgique (grottes de Han et de Rochefort) :
      a) *Viâ* Luxembourg, Liège, Marloie;
      b) *Viâ* Luxembourg, Arlon, Marloie.
    4° Voyage circulaire pour visiter la Suisse et la haute Engadine.
    5° Voyages circulaires pour visiter les bords du Rhin, la Suisse (Oberland Bernois et le lac de Genève, l'Allemagne, l'Autriche-Hongrie et l'Italie).

Nota. — Pour tous les autres renseignements, consulter : 1° le livret des voyages circulaires et excursions publié par la Compagnie des Chemins de fer de l'Est, et mis à la disposition du public dans la gare de Paris et bureaux succursales; 2° les affiches et les indicateurs, en ce qui concerne les relations directes.

CHEMINS DE FER PARIS-LYON-MÉDITERRANÉE

VOYAGES CIRCULAIRES A ITINÉRAIRES FACULTATIFS
(Billets individuels et collectifs)

Il est délivré, *pendant toute l'année*, dans toutes les gares du réseau P.-L.-M., des *billets individuels et de famille*, à prix *très réduits*, pour effectuer sur ce réseau des *voyages circulaires*, à itinéraires établis par les *voyageurs* eux-mêmes, avec parcours totaux d'au moins 300 kilomètres. Ces billets, qui donnent à leur porteur le droit de s'arrêter dans toutes les gares de l'itinéraire, sont valables pendant **30, 45** ou **60** jours, suivant l'importance du parcours. Les *réductions* de prix vont jusqu'à 50 0/0.

Les *billets de famille* ou *collectifs* sont délivrés aux familles d'*au moins* 4 personnes payant place entière et voyageant ensemble. Le prix s'obtient en ajoutant au prix de trois billets de voyage circulaire à itinéraires facultatifs ordinaires, la moitié du prix d'un de ces billets pour chaque membre de la famille en plus de trois, sans toutefois que ce prix puisse descendre au-dessous de 50 0/0 du Tarif général appliqué à l'ensemble des membres de la famille.

Les demandes de billets doivent être faites 5 jours au moins à l'avance et être accompagnées d'une consignation de 10 fr. par billet demandé.

BILLETS D'ALLER ET RETOUR DE BAINS DE MER
Valables 33 jours. — Arrêts facultatifs.

BILLETS INDIVIDUELS ET COLLECTIFS

Il est délivré, du 1er *Juin au 15 Septembre* de chaque année, des billets d'aller et retour de bains de mer, **individuels et collectifs (de famille)** de 1re, 2e et 3e classe, à prix réduits, pour les stations balnéaires suivantes :

Aigues-Mortes, Antibes, Bandol, Beaulieu, Cannes, Hyères, La Ciotat, La Seyne-Tamaris-sur-Mer, Menton, Monaco, Monte-Carlo, Montpellier, Nice, Saint-Raphaël, Toulon et Villefranche-sur-Mer

Ces billets sont émis dans toutes les gares du réseau P.-L.-M. et doivent comporter un parcours minimum de 300 kilomètres, aller et retour.

Le prix des billets est calculé d'après la distance afférente **au parcours réellement effectué** et d'après un barème comportant des **réductions** de prix très importantes.

Les billets d'aller et retour de bains de mer **collectifs** sont délivrés aux familles d'au moins quatre personnes payant place entière et voyageant ensemble. Le prix s'obtient en ajoutant, au prix de trois billets d'aller et retour de bains de mer ordinaires, la moitié du prix d'un de ces billets pour chaque membre de la famille en plus de trois, *sans toutefois que ce prix puisse descendre au-dessous de 50 0/0 du tarif général appliqué à l'ensemble des membres de la famille.*

Les demandes de billets doivent être faites, quatre jours au moins avant celui du départ, à la gare où le voyage doit être commencé.

CHEMINS DE FER PARIS-LYON-MÉDITERRANÉE (Suite)

BILLETS D'ALLER & RETOUR COLLECTIFS

Délivrés par toutes les Gares P.-L.-M.

POUR LES VILLES D'EAUX

DESSERVIES PAR LE RÉSEAU P.-L.-M.

VALABLES 30 JOURS, AVEC FACULTÉ DE PROLONGATION D'UNE OU
PLUSIEURS PÉRIODES DE 15 JOURS
MOYENNANT 10 0/0 DE SUPPLÉMENT POUR CHAQUE PÉRIODE DE PROLONGATION

Il est délivré, du 15 mai au 15 septembre, dans toutes les gares du réseau P.-L.-M., sous condition d'effectuer un parcours minimum de 300 kilomètres, aller et retour, aux familles d'au moins quatre personnes payant place entière et voyageant ensemble, des billets d'aller et retour collectifs de 1re, 2e et 3e classe, pour les stations suivantes : **Aix, Aix-les-Bains, Alais, Albertville, Bourbon-Lancy, Clermont-Ferrand, Cluses, Coudes, Digne, Euzet-les-Bains, Evian-les-Bains, Genève, Gières-Uriage, Goncelin-Allevard, Groisy-le-Plot-la-Caille, La Bastide-Saint-Laurent-les-Bains, Lépin-Lac-d'Aiguebelette, Le Vigan, Manosque, Montélimar, Montpellier, Montrond, Moulins, Pougues, Riom, Ris-Chateldon, Roanne, Sail-sous-Couzan, Saint-Georges-de-Commiers, Saint-Martin-d'Estréaux, Salins, Thonon-les-Bains, Vals-les-Bains-la-Bégude, Vandenesse-Saint-Honoré-les-Bains, Vichy, Villefort.**

Le prix s'obtient en ajoutant aux prix de six billets simples ordinaires le prix d'un de ces billets pour chaque membre de la famille en plus de trois. Les trois premières personnes payent donc le plein tarif, et la quatrième personne et les suivantes le demi-tarif.

Les demandes de ces billets doivent être faites quatre jours au moins avant celui du départ, à la gare où le voyage doit être commencé.

DE TOUTES LES GARES P.-L.-M. A LOURDES

Ces billets sont délivrés dans toutes les gares P.-L.-M. et doivent être demandés 4 jours à l'avance. Ils sont valables pendant 7 jours et donnent droit à un arrêt en route.

Les billets d'aller et retour de Paris à Londres ne sont pas acceptés dans les trains rapides ; il est accordé une franchise de 30 kilogrammes de bagages.

CARTES D'ABONNEMENT

A PRIX RÉDUITS

La Compagnie P.-L.M. délivre des cartes d'abonnement, de 1re, 2e et 3e classe, à prix très réduits, de trois mois, six mois et un an, pour des parcours limités et même pour tout son réseau.

Les élèves des lycées et institutions, ainsi que les apprentis et élèves suivant les cours de dessin municipaux, âgés de moins de 21 ans, ne payent que la moitié de ces prix réduits.

Il est facultatif de régler le prix de l'abonnement de six mois ou d'un an par payements échelonnés, savoir : pour un abonnement de 6 mois, en deux versements, et pour un abonnement d'un an, en trois versements.

Les abonnements courent des 1er et 15 de chaque mois et doivent être demandés 8 jours à l'avance.

Il est également délivré des cartes d'abonnement valables pour une partie ou même la totalité des deux réseaux P.-L.-M. et Est réunis.

Il est délivré aussi des cartes d'abonnement valables pour une partie des deux réseaux de P.-L.-M. et d'Orléans.

Les abonnés ont le droit de prendre et de quitter le train à toutes les stations comprises dans les parcours indiqués sur leurs cartes.

VOYAGES D'EXCURSION

Avec itinéraires tracés d'avance au gré des Voyageurs sur les grands réseaux français.

Les Compagnies de P.-L.M., de l'Est, du Midi, du Nord, d'Orléans, de l'Ouest et l'Administration des chemins de fer de l'État délivrent d'une manière permanente des billets à prix réduits de 1re, 2e ou 3e classe, pour les voyages d'excursion sur leurs réseaux, avec itinéraires tracés d'avance au gré des voyageurs. — Ces itinéraires peuvent comprendre les lignes d'un seul ou de plusieurs des réseaux participants.

Le minimum de parcours d'un voyage d'excursion est de 300 kilomètres.

Les billets sont valables pendant 30, 45 ou 60 jours, suivant l'importance du parcours. Cette validité peut être prolongée de moitié moyennant le payement d'un supplément égal à 10 0/0 du prix total initial du billet. Cette prolongation peut être accordée deux fois au plus.

Réductions de prix allant jusqu'à 60 0/0. — Arrêts facultatifs.

Les billets d'excursion peuvent être individuels et collectifs.

Le prix d'un billet collectif délivré à deux personnes est le double du prix d'un billet individuel. Lorsqu'un billet collectif s'applique à plus de deux personnes, les prix du barême sont réduits de 10 0/0 pour la troisième personne et de 25 0/0 pour la quatrième, ainsi que pour chaque personne au delà de la quatrième.

Pour les conditions particulières consulter les prospectus détaillés mis à la disposition des voyageurs dans les gares.

CHEMIN DE FER DU NORD
Service entre Paris et Londres

1° SERVICES RAPIDES (trajet en 7 h. 1/2) VIA CALAIS-DOUVRES

4 trains quotidiens. Dép. de Paris : 8 h. 22 mat.; 11 h. 30 mat.; 3 h. 15 soir (*Club-Train*); 8 h. 25 soir. — Arr. à Londres : 5 h. soir; 7 h. 10 soir; 10 h. 45 soir (*Club-Train*); 5 h. 45 matin. — Dép. de Londres : 8 h. 20 mat.; 11 h. mat.; 3 h. soir (*Club-Train*); 8 h. 15 soir. — Arr. à Paris : 5 h. 35 soir; 7 h. soir; 10 h. 47 soir (*Club-Train*); 5 h. 50 mat.

Tous les trains, sauf le Club-Train, ont des 2° classes.

Le Club-Train a été transformé, entre Paris et Calais, en train express quotidien comprenant des voitures de 1re classe sans supplément et des voitures de luxe avec supplément.

2° SERVICE RAPIDE (trajet en 7 h. 1/2) VIA BOULOGNE-FOLKESTONE

1 train quotidien (1re et 2° cl.). Dép. de Paris : 10 h. 10 mat.; Arr. à Londres 5 h. 40 soir. — Dép. de Londres : 10 h. mat.; Arr. à Paris : 5 h. 47 soir.

PRIX DES BILLETS ENTRE PARIS ET LONDRES (*)

DIRECTIONS	BILLETS SIMPLES valables pendant 7 jours		BILLETS D'ALLER ET RETOUR valables pendant 1 mois soit par Boulogne, soit par Calais	
	1re classe	2° classe	1re classe	2° classe
Amiens, Boulogne, Folkestone.	70 fr. »	52 fr. 50	118 fr. 75	93 fr. 75
Amiens, Calais, Douvres.	75 fr. »	56 fr. 25		

3° SERVICES DE NUIT ACCÉLÉRÉS A PRIX RÉDUITS (2° et 3° cl.) (1) VIA CALAIS-DOUVRES (Trajet en 10 heures)

1 train quotidien. Dép. de Paris : 6 h. 05 soir; Arr. à Londres : 5 h. 45 mat. — Dép. de Londres : 7 h. soir (sauf le dimanche, où le départ est à 6 h. 20); Arr. à Paris : 2° classe, à 5 h. 50 mat.; 3° classe, à 7 h. 30 mat.

(1) Il existe également un service à heures variables, via Boulogne-Folkestone.

PRIX DES BILLETS ENTRE PARIS ET LONDRES (*)

DIRECTIONS	BILLETS SIMPLES valables pour 3 jours		BILLETS D'ALLER ET RETOUR valables pour 14 jours via Douvres ou Folkestone	
	2° cl. 2° chamb.	3° cl. 2° chamb.	2° cl. 2° chamb.	3° cl. 2° chamb.
Amiens, Calais, Douvres ou Boulogne-Folkestone.	39 fr. 35	26 fr. 25	58 fr. 75	39 fr. 35

Avis important. — En sus du prix homologué pour les billets directs de ou pour l'Angleterre, il est perçu, pour droits divers de port, à Calais, à Boulogne, 1 fr. 75 par billet simple et 3 fr. 50 par billet d'aller et retour.

PENINSULAR-EXPRESS
UNE FOIS PAR SEMAINE
Pour TURIN, ALEXANDRIE, BOLOGNE, ANCONE, BRINDISI

En correspondance avec le paquebot de la Malle des Indes.

Départ de Paris-Nord, le vendredi à 11 h. 53 du soir.

SUD-EXPRESS
TROIS FOIS PAR SEMAINE
Pour BORDEAUX, BIARRITZ, MADRID et LISBONNE

En correspondance avec les paquebots pour l'Amérique du Sud, Madère, les Açores et l'Afrique australe.

Départs de Paris-Nord les lundi, mercredi et samedi à 6 h. 50 du soir.

Arrivées à Paris-Nord les lundi, mercredi et vendredi à 8 h. 10 du soir.

Buffet à la Gare de Paris-Nord.

(*) **Avis important.** — Ces prix subiront une réduction à partir du 1er avril 1892.

CHEMINS DE FER DU NORD
BILLETS DE BAINS DE MER, ALLER ET RETOUR

Billets de Saison, valables, pendant 33 jours (collectifs de famille), sous condition d'effectuer un parcours minimum de 100 kil. aller et retour.
Les prix sont établis de la manière suivante :
Pour les trois premiers voyages : prix des billets simples (soit 6 billets simples).
Pour chaque voyage en plus : moitié prix des billets simples.

Billets hebdomadaires de 1re, 2e et 3e classe, valables pendant 5 jours, du Vendredi au Mardi et de l'avant-veille au surlendemain des fêtes légales.

Billets d'Excursion des Dimanches et Jours de fêtes légales en 2e et 3e classe, valables pendant une journée.

DE PARIS AUX GARES SUIVANTES :

POINTS	DISTANCE	BILLETS HEBDOMADAIRES Prix			BILLETS D'EXCURSION Prix	
		1re cl.	2e cl.	3e cl.	1re cl.	2e cl.
Berck (stat. du Ch. d'int. loc.), viâ Rang-du-Fliers-Verton	216	29.60[1]	23.05[1]	15.05[1]	10. »[1]	6.55[1]
Boulogne (ville)	254	34. »	25.70	16.75	10.10	7.30
Calais (ville)	295	37.90	29. »	18.90	12.35	8.10
Cayeux (st. du Ch. d'int. loc.), viâ St-Valery	195	27.15[1]	21.35[1]	13.95[1]	9.05[1]	5.90[1]
Dunkerque	305	38.85	29.95	19.55	12.50	8.20
Etaples (Paris-Plage, Le Touquet)	227	30.90	23.95	15.65	10.35	6.75
Eu (Plage de Bourg-d'Ault)	180	25.40	20.10	13.15	8.50	5.55
Gravelines	305	38.85	29.95	19.55	12.50	8.20
Le Crotoy (st. du Ch. d'int. loc.), viâ Noyelles	189	26.45[1]	20.85[1]	13.65[1]	8.90[1]	5.80[1]
Le Tréport-Mers	183	25.75	20.35	13.30	8.70	5.70
Marquise-Rinxent (pl. de Wissant, Audresselles, Ambleteuse)	270	35.50	26.75	17.40	11.60	7.60
Saint-Valery	195	27.15	21.35	13.95	9.05	5.90
Wimille-Wimereux	260	34.55	26.10	47. »	11.25	7.40

1. Ce prix ne comprend pas le trajet du Chemin d'intérêt local.

Billets de famille. — Indépendamment des billets d'Excursion individuels des Dimanches et Jours de fête, il est délivré des billets de famille comportant, sur les billets individuels, les réductions suivantes sur les prix afférents au parcours de la Compagnie du Nord.

5 pour 100 pour une famille de deux personnes.
10 — — trois —
15 — — quatre —
20 — — cinq —
25 — — au delà de cinq personnes.

Les billets de famille sont nominatifs. Ils ne peuvent servir qu'aux personnes d'une même famille habitant sous le même toit et composée des ascendants et des descendants.

Bagages. — Les billets d'aller et retour des Dimanches et Jours de fête ne donnent droit qu'au transport des bagages à la main d'un volume assez réduit pour ne pas encombrer les compartiments des voyageurs.

COMPAGNIE DU CHEMIN DE FER
DU
GOTHARD

Le Chemin de fer du Gothard, la ligne de montagne la plus pittoresque et la plus intéressante de l'Europe, traverse la Suisse primitive chantée par les poètes et glorifiée par l'histoire. Sur le parcours on rencontre **Lucerne**, au bord du lac du même nom, le lac de Zoug, le **Rigi**, célèbre dans le monde entier par la vue incomparable dont on jouit de son sommet (**Chemin de fer entre la station d'Arth de la ligne du Gothard et la cime même**), le lac de Lowerz, Schwyz, **le lac des Quatre-Cantons**, avec le Rütli et la chapelle de Guillaume Tell, Brunnen, la route de l'Axen, Fluelen, Altorf, **Gœschenen**, station de la tête nord du tunnel, où commence l'ancienne route du Saint-Gothard et d'où l'on atteint en une demi-heure le célèbre **pont du Diable** et **la galerie dite trou d'Uri**, près d'Andermatt (tous deux d'un accès facile), Bellinzona, Locarno, **le lac Majeur** (*îles Borromées*), **Lugano** sur le lac du même nom, **Côme** enfin et son lac. La ligne réunit ainsi, des deux côtés des Alpes, les bords des lacs les plus ravissants, émaillés de villas splendides.

Parmi les nombreux travaux d'art, œuvres gigantesques construites dans les flancs des Alpes et qui excitent l'étonnement du voyageur, il faut citer en première ligne le **grand tunnel du Gothard**, le plus long tunnel existant (14,984 mètres), dont le percement a exigé neuf années de travail; viennent ensuite les **tunnels hélicoïdaux**, au nombre de 3 sur le côté nord et de 4 sur le côté sud, le pont du Kerstelenbach près d'Amsteg, etc., etc.

Deux trains directs et un express font journellement, en huit à dix heures, le trajet dans chaque direction de **Lucerne à Milan**, point central pour tous les voyageurs allant en Italie. **Wagons-lits** (*sleeping cars*) **voitures directes entre Paris et Milan**, éclairage au gaz, freins continus.

Prix de Milan à Lucerne :	1re classe	35 fr.	70
—	— 2e —	25 fr.	»
—	Paris à Milan : 1re classe	109 fr.	95
—	— 2e —	79 fr.	90

Le chemin de fer du Gothard est la voie de **communication la plus courte entre Paris et Milan** (via Belfort-Bâle). A Milan **correspondance directe de et pour Venise, Bologne, Florence, Gênes, Rome, Turin**. A Lucerne, coïncidence directe de et pour Paris, Calais, Londres, Ostende, Bruxelles, Cologne, Francfort, Strasbourg, ainsi que de et pour toutes les gares principales de la Suisse.

Delle
BÂLE
Waldshut
SCHAFFOUSE
Rheinfelden
Eglisau
Stein
Porrentruy
Liestal
Sæckingen
FRAUENFELD
Delémont
Bulach
Waldenbg.
Brugg
Baden
Winterthour
Munster
Olten
AARAU
Lenzbourg
Wyl
Aarbourg
Bremgarten
SOLEURE
Zofingue
ZURICH
Bienne
Herzogenbuchsee
Muri
Wetzikon
Lichtensteig
Lyss
Sursee
Cham
Rapperswyl
Burgdorf
L. de Zurich
Uznach
BERNE
Langnau
Rothkreuz
Zug
Einsiedeln
Immensee-Küssnacht
LUCERNE
Art-Goldau
FRIBOURG
Schupfheim
Steinen
Escholzmatt
L. des 4 Cantons
SCHWYZ
GLARUS
Alpnach
Stanz
Brunnen
Thoune
Sarnen
Sisikon
Brienz
Engelbg.
Flüelen
Linththal
Meiringen
ALTDORF
Interlaken
Ersfeld
Klausen Pass
Frutigen
Gurtnellen
Amsteg
Susten-Pass
Wasen
Goeschenen
Route de l'Oberalp
Narr.
Andermatt
Dissentis
Coires
Munster
Route de la Furka
Airolo
Ambri-Piolla
Olivone
Fiesch
Rodi Fiesso
Brig
Faido
Lavorgo
Giornico
Bignasco
Bodio
Maggia
Biasca
Osogna
Domo d'Ossola
Claro
Locarno
Gordola
Castione
BELLINZONE
S. Nazzar.
Giubiasco
Ranzo-Geb.
Cadenazzo
Rivera Bironico
Pino
Taverne
Luino
Porlezza
Pallanza
Lugano
Menaggio
Ponte Tresa
Melide
Laveno
Maroggia
Bellagio
Capolago
Goxxano
Mendrisio
Balerna
Arona
Varèse
Chiasso
Sesto-Calende
Côme
Lecco
Erba
Gallarate
Campago
Oleggio
Saronno
Monza
Turin
Novare
MILAN

Genève
SION
Leuk
Gemmi
Grimsel
Route du Simplon
S. Giacomo
Maggiathal
Pas. du Bernardin
Pas. de Côme

CARTE
DU
CHEMIN DE FER
DU
SAINT-GOTHARD

Ligne du Gothard
Lignes d'accès
Routes des Alpes

H.Delachaux del.

CHEMINS DE FER
DU SUD DE L'AUTRICHE

Le voyageur, venant de France par la Suisse, ne tarde pas, après avoir traversé l'Ariberg, d'arriver à *Innsbruck*, capital du Tyrol. C'est une des plus jolies villes des Alpes autrichiennes. Elle forme, de ce côté, tête de ligne du réseau des chemins de fer du Sud de l'Autriche.

Les lignes de cette Compagnie aboutissent, d'une part, aux grands centres de Vienne et de Pesth, et aux ports de Trieste et de Fiume, et de l'autre, aux frontiéres de la Bavière et de l'Italie, à Kufstein, à Ala et à Cormons. Elles traversent les contrées les plus intéressantes et les plus pittoresques de l'Autriche-Hongrie, le Tyrol, la Carinthie, la Carniole, la Styrie.

D'Innsbruck, la ligne conduit, par le *Brenner*, à Botzen (Gries), Méran, Trente, Mori (station pour Arco, Riva, le lac de Garde), et en Italie, et rejoint d'autre part, par le *Pusterthal*, formant ainsi trait de jonction entre les régions orientale et occidentale des Alpes, l'artère principale du réseau (ligne de Vienne à Trieste) sur laquelle elle vient se souder à Marbourg.

La Compagnie des chemins de fer du Sud a fait construire, en divers endroits, des hôtels de premier ordre, qui offrent aux voyageurs, au milieu des splendeurs des grandes Alpes, tout le confort moderne des grandes villes.

A **Toblach**, station de la ligne du Pusterthal, se trouve un excellent hôtel. On se rend de Toblach dans la ravissante vallée d'**Ampezzo**, célèbre par ses Alpes dolomitiques. Cette contrée surpasse en beauté les points les plus fréquentés de la Suisse.

Qui n'a aussi entendu parler des merveilles réservées aux voyageurs qui, remontant de Marbourg sur Vienne, en traversant la Styrie, dont la gracieuse ville de Gratz est la capitale, franchissent, entraînés par la vapeur, la section de **Semmering**, un des chefs-d'œuvre de l'art et de la science modernes?

L'hôtel élevé par la Compagnie du Sud au Semmering, occupe

CHEMINS DE FER DU SUD DE L'AUTRICHE (Suite)

une situation magnifique. Les environs sont splendides, et l'air qu'on y respire est délicieux, vivifiant, et tout chargé des senteurs aromatiques des mélèzes et conifères qui couvrent les versants de ces montagnes.

Les environs de Vienne, traversés par la ligne du Sud, offrent également un choix de points des plus charmants.

En descendant de Marbourg vers l'Adriatique, on traverse les contrées excessivement intéressantes de la Carinthie et de la Carniole; on passe successivement à Pragerhof (embranchement pour Budapesth), Cilli, Steinbrück, Laibach, **Adelsberg** (endroit renommé par ses grottes merveilleuses), Saint-Peter, Nabresina, pour arriver enfin à **Trieste.**

De Trieste on gagne facilement l'Italie, soit par mer (service régulier de navigation entre Trieste et Venise) soit par Nabresina, Gorice et Cormons. Pour se rendre à Fiume, il faut quitter la ligne de Vienne à Trieste, à Saint-Peter.

Non loin de Fiume, à **Abbazia** (station de chemin de fer Mattuglie-Abbazia, de l'embranchement de Saint-Peter à Fiume), la Compagnie du Sud a créé, au bord de la mer, un grand établissement climatérique et balnéaire.

Abbazia, avec sa luxuriante végétation méridionale, est un délicieux séjour. Bain de soleil en hiver, on y trouve en été l'agrément des bains de mer. Toutes les conditions de confort désirables y sont réunies.

La Compagnie de la **Südbahn** *a organisé, de concert avec les autres compagnies de chemins de fer autrichiennes et étrangères, un grand nombre de voyages circulaires à prix réduits, qui permettent aux voyageurs de toute provenance de visiter, dans d'excellentes conditions de bon marché, l'Autriche, le Tyrol, la Bavière, l'Italie, la Suisse et les bords du Rhin.*

Les voyageurs trouveront la nomenclature détaillée de ces voyages avec les prix, la durée du trajet et toutes les particularités qui s'y rattachent, dans les Indicateurs officiels d'Autriche, d'Allemagne, de France, de Suisse et d'Italie.

CHEMINS DE FER DU SUD DE L'AUTRICHE

ABBAZIA

STATION HIVERNALE ET BALNÉAIRE DE L'ADRIATIQUE

Le trajet de Vienne à Abbazia se fait en 13 heures
Deux express par jour dans chaque sens ; wagons-lits

Assis au fond de la poétique baie du Quarnero, au bord même de la mer, à quelques kilomètres du port de Fiume, abritée des vents par une ceinture de collines boisées dominées par le Monte-Maggiore, préservée en été des chaleurs excessives par les brises normales qui soufflent, le jour vers la terre, et la nuit vers la mer, Abbazia, l'heureuse rivale des stations les plus renommées du littoral méditerranéen, jouit du rare privilège d'être à la fois une station d'hiver et une plage d'été.

Le climat de ce coin de terre privilégiée que baigne l'Adriatique est d'une douceur et d'une égalité tout exceptionnelles. Les variations brusques de température sont inconnues à Abbazia.

Dans un vaste et splendide parc, au milieu des chênes verts, des figuiers, des lauriers qui répandent dans l'atmosphère leur senteur bienfaisante, s'élèvent les hôtels et villas appartenant à la Compagnie des Chemins de fer du Sud de l'Autriche. Bel et grand établissement pourvu de tout le confort et de tous les perfectionnements modernes désirables.

300 chambres et nombreuses villas. — Salles et salons divers. — Promenades délicieuses dans les magnifiques propriétés de l'établissement et sur les bords de la mer. — Bains chauds, douches, massages, inhalation, électricité. — Un médecin est attaché à l'établissement. — Equipages, barques, chevaux de selle et guides à disposition. — Distractions et plaisirs de toutes sortes.

Excursions variées à Ika, Lovrana, Moschenizza, Vesprinaz, au Monte-Maggiore (1,400 mètres d'altitude), à Fiume, aux îles de Veglia, Cherso, Lussin (les anciennes îles Absyrtides des Grecs, où la tradition place le crime de Médée).

L'élite de la société se donne aujourd'hui rendez-vous à Abbazia, et chaque année voit augmenter le nombre d'étrangers de toutes les nations qui viennent y fixer leur résidence d'hiver, ou y cherchent, en été, l'agrément des bains de mer.

Des omnibus et voitures font le service entre l'établissement et la station de chemin de fer Mattuglie-Abbazia.

S'adresser, pour renseignements, directement à la direction des Hôtels, à Abbazia (Istrie, Autriche).

La Compagnie des chemins de fer du Sud de l'Autriche est aussi propriétaire de l'**Hôtel du Semmering**, site alpestre grandiose à 1,000 mètres d'altitude et à deux heures et demie de Vienne, en chemin de fer.

ROYAL
MAIL STEAM PACKET COMPANY
COMPAGNIE ROYALE DES PAQUEBOTS-POSTE ANGLAIS

Indes Occidentales et Océan Pacifique
VIA PANAMA

Colon ou Aspinwall, Savanilla
Amérique centrale et Océan Pacifique du Sud, San Francisco
Japon, Chine et Colombie Anglaise.

Les bateaux à vapeur Atlantiques font maintenant le trajet direct de Southampton à Colon (Aspinwall).

Le départ des bateaux de la compagnie de Southampton, avec les malles de Sa Majesté Britannique, a lieu chaque mercredi alternatif tant pour le transport des passagers et des paquets que pour celui des espèces et des marchandises, sur connaissement, à destination direct. Un bateau supplémentaire part de Londres chaque quatrième mercredi, pour les Antilles, Savanilla, Carthagène, Colon, Limon et Greytown.

Pour plus amples informations, s'adresser au Secrétaire, M. J. M. LLOYD. Royal Mail Steam Packet Company,
18, Moorgate Street, Londres, E. C. et 29 Cockspur Street, S. W.

AGENTS. — PARIS, Geo. Dunlop et Cᵉ, 38, avenue de l'Opéra,
HAVRE, Marcel et Cᵉ.
HAMBOURG, H. Binder.
ANVERS, Huger et Cᵒ,
BRÊME, F. L. Michaelis.

SERVICE DES PAQUEBOTS-POSTE
Pour le Brésil et le Rio de la Plata

Les paquebots royaux partent aussi de Southampton chaque jeudi alternatif, chargés des malles de Sa Majesté Britannique, de Passagers, de Marchandises, d'Espèces, etc., pour Vigo, Lisbonne, Saint-Vincent (Cap-Vert), Pernambuco, Bahia, Rio-de-Janeiro, Montevideo et Buenos-Ayres, et chaque quatrième jeudi pour Vigo, Leixões (Oporto), Lisbonne, Las Palmas, Brésil, Montevideo et Buenos-Ayres.

Pour plus amples informations, s'adresser comme ci-dessus.

Compagnie des Messageries Maritimes

PAQUEBOTS-POSTE FRANÇAIS

Ligne de l'Australie et de la Nouvelle-Calédonie. Départ de Marseille le 1er de chaque mois pour Port-Saïd, Suez, Aden, Mahé (Seychelles), King-George's Sound, Adélaïde, Melbourne, Sydney et Nouméa, avec un embranchement à Mahé pour la Réunion, Maurice et Madagascar.

Ligne de la Côte orientale d'Afrique. Départ de Marseille le 12 de chaque mois, pour Port-Saïd, Suez, Obock, Aden, Zanzibar, Mayotte, Nossi-Bé, Diégo-Suarez, Sainte-Marie, Tamatave, la Réunion et Maurice. Correspondance à Nossi-Bé avec la ligne de la côte ouest de Madagascar.

Lignes de l'Océan Indien. Départ de Marseille toutes les deux semaines, à partir du 6 mars 1892, pour Alexandrie, Port-Saïd, Suez, Aden, Colombo, Singapore, Batavia, Saïgon (correspondance à Saïgon pour Nha-Trang, Quinhon, Tourane, Thuanan et Haïphong), Hong-Kong, Shanghaï, Kobé et Yokohama, avec embranchement toutes les quatre semaines :

1° De Colombo sur Pondichéry, Madras et Calcutta ;
2° De Saïgon sur Manille ;
3° De Singapore sur Samarang.

Ligne d'Aden à Kurrachée et Bombay, en correspondance, à l'aller, avec la ligne de la côte orientale d'Afrique et, au retour, avec la ligne de l'Australie.

Services de l'Océan Atlantique. Départs de Bordeaux :

1° Le 5 de chaque mois, pour Lisbonne, Dakar, Rio de Janeiro, Montevideo et Buenos-Ayres ;
2° Le 20 de chaque mois, pour Lisbonne, Dakar, Pernambuco, Bahia, Rio de Janeiro, Montevideo et Buenos-Ayres ;
3° Le 28 de chaque mois (passagers et marchandises), pour La Corogne, Vigo, Porto-Leixoes, Lisbonne, Las Palmas, Pernambuco, Rio de Janeiro, Santos, Montevideo, Buenos-Ayres, Rosario ou Bahia-Blanca.

Lignes de la Méditerranée et de la Mer Noire, desservant les principaux ports, savoir :

1° **Ligne de Marseille à Constantinople et Odessa**, tous les 14 jours, à partir du 27 février 1892.
2° **Ligne de Marseille à Constantinople et Batoum**, tous les 14 jours, le samedi, à partir du 20 février 1892.
3° **Lignes circulaires d'Égypte et de Syrie**, toutes les semaines ;
4° **Ligne hebdomadaire de Marseille à Londres** avec escale au Havre (spéciale au transport des marchandises).

BUREAUX : PARIS, rue Vignon, 1 ; MARSEILLE, rue Cannebière, 16 ; BORDEAUX, allées d'Orléans, 20.

COMPAGNIE DE NAVIGATION MIXTE

(Cⁱᵉ TOUACHE)

Société anonyme au capital de 6,730,000 francs

Services réguliers à grande vitesse de Paquebots à vapeur

POUR

L'ALGÉRIE, LA TUNISIE ET LE LANGUEDOC

TRANSPORT DES VOYAGEURS ET DES MARCHANDISES — TRANSPORT DES DÉPÊCHES

Services de Marseille pour :	Services de Cette pour :
Alger. . . . Direct, tous les jeudis, 5 h. soir.	Alger. . . . Direct (en été seul.), les dim., midi.
Arzew. . . . Viâ Oran, tous les mercr., 5 h. s.	Alger. . . . Viâ Marseille, tous les mardis, soir.
Bône . . . . Direct, tous les jeudis, midi.	Arzew. . . . Viâ Marseille-Oran, les lundis, soir.
Bougie . . . Viâ Philippeville, t. les sam., 3 h. s.	Bône. . . . Viâ Marseille, les mercredis, soir.
Djidjelli. . . Viâ Bône, tous les jeudis, midi.	Bougie . . . Viâ Marseille-Philippeville, merc., s.
Mostaganem. Viâ Oran, tous les mercr., 5 h. s.	Djidjelli. . . Viâ Marseille-Bône, les mercr., soir.
Oran . . . . Direct, tous les mercredis, 5 h. s.	Mostaganem. Viâ Marseille, les lundis, soir.
Oran . . . . Viâ Alger (par ch. fer), jeudi, 5 h. s.	Oran . . . . Viâ Marseille, tous les lundis, soir.
Philippeville. Direct, tous les samedis, 5 h. s.	Philippeville. Viâ Marseille, tous les mercr., soir.
Tunis. . . . Direct, tous les mardis, 5 h. s.	Tunis . . . . Viâ Marseille, tous les lundis, soir.
Cette. . . . Direct, tous les dim., lundis, mardis.	Marseille. . . Direct, les lundis, mardis, merc., s.

Services de :

Alger. . . .	pour Marseille (direct) et Cette.	tous les jeudis, 8 h. matin.
Alger. . . .	pour Cette (direct), en été seulement	tous les jeudis, 8 h. matin.
Alger. . . .	pour Bougie, Djidjelli, Philippeville et Bône.	tous les lundis, 7 h. soir.
Arzew. . . .	pour Marseille et Cette, via Oran.	tous les lundis, soir.
Bône. . . .	pour Marseille (direct) et Cette.	tous les jeudis, 6 h. soir.
Bône	pour Philippeville, Djidjelli, Bougie et Alger.	tous les dimanches, 9 h. matin.
Bougie . . .	pour Marseille et Cette, via Philippeville. . . .	tous les mercredis, midi.
Djidjelli. . .	pour Marseille et Cette, via Bône. . . .	tous les mardis, soir.
Mostaganem.	pour Marseille et Cette, via Oran.	tous les lundis, matin.
Oran	pour Marseille (direct) et Cette. . . .	tous les mercredis, 4 h. soir.
Oran	pour Marseille et Cette, via Alger (par ch. de fer).	tous les mercredis, matin.
Philippeville.	pour Marseille (direct) et Cette. . . .	tous les jeudis, midi.
Tunis	pour Marseille (direct) et Cette.	tous les samedis, 2 h. soir.

Prix des passages

DE MARSEILLE OU CETTE POUR et vice versa	1ʳᵉ classe (1)	2ᵉ classe (1)	3ᵉ classe (1)	Pont (2)
Cette ou Marseille . . . . fr.	10 »	8 »	6 »	5 »
Alger.	50 »	40 »	20 »	10 »
Arzew	60 »	45 »	22 »	12 »
Bône	50 »	40 »	20 »	10 »
Bougie	50 »	40 »	20 »	10 »
Djidjelli.	60 »	45 »	22 »	12 »
Mostaganem.	60 »	45 »	22 »	12 »
Oran (direct)	60 »	45 »	22 »	12 »
Philippeville.	50 »	40 »	20 »	10 »
Tunis.	85 »	60 »	30 »	20 »

(1) Avec couchette et nourriture. — (2) Sur le pont, sans nourriture.

Pour Fret et Passages, s'adresser

A Lyon: au siège de la Compagnie, 89, r. St-Pierre. | A Cette : à M. G. Caffarel aîné, agent général.
A Marseille: bur. de la Direction, 54, r. Cannebière. | A Paris: à l'Ag. de la Compagnie, 9, r. Rougemont.
En Algérie et en Tunisie : aux Agences de la Compagnie.

FRAISSINET & CIE

COMPAGNIE MARSEILLAISE DE NAVIGATION A VAPEUR
PAQUEBOTS-POSTE FRANÇAIS

4 et 6, place de la Bourse (FONDÉE EN 1832)

Services réguliers pour le Languedoc, la Corse, l'Italie, le Levant, le Danube, la mer Noire, l'Archipel et la Côte occidentale d'Afrique.

LIGNES DESSERVIES PAR LA COMPAGNIE

LIGNES DU LANGUEDOC. — Départs de MARSEILLE, tous les soirs, pour CETTE ou AGDE.

LIGNES DE CORSE ET D'ITALIE. — Départs de MARSEILLE tous les dimanches à 9 h. précises matin : Bastia — Livourne — Rapide (traversée la plus rapide entre le Continent et Bastia), tous les lundis à 7 heures du soir, pour NICE, BASTIA, LIVOURNE.

LIGNES D'ITALIE. — Départs de MARSEILLE, tous les dimanches, à 8 h. matin, pour GÈNES. — Départs de MARSEILLE, tous les dimanches et mercredis, à 8 h. matin, pour NAPLES.

LIGNE DE CANNES NICE ET GÈNES. — Départs de MARSEILLE, tous les mercredis, à 7 heures du soir, et tous les lundis et dimanches, pour Nice.

LIGNES DE CONSTANTINOPLE ET DU DANUBE. — Service d'été, Constantinople. Départs de MARSEILLE tous les mercredis, à 9 h. du matin, pour GÈNES, LE PIRÉE, SYRA, SMYRNE, SALONIQUE. DÉDÉAGACH, DARDANELLES, GALLIPOLI (facultatif), RODOSTO et CONSTANTINOPLE. — Danube (sans transbordement). Départs de MARSEILLE, tous les dimanches, à 9 h. du matin, CONSTANTINOPLE, SULINA, KUSTENDJÉ (facultatif), GALATZ et BRAILA. — Service d'hiver (pendant la fermeture du Danube par les glaces), Constantinople. Départs de MARSEILLE tous les jeudis à 9 h. du matin, pour GÈNES, LE PIRÉE, SYRA, SMYRNE, SALONIQUE, DÉDÉAGACH, DARDANELLES, RODOSTO, GALLIPOLI et CONSTANTINOPLE.

Service maritime postal, subventionné par le Gouvernement français, entre MARSEILLE ET LA COTE OCCIDENTALE D'AFRIQUE avec escales à ORAN, LAS PALMAS, DAKAR, CONAKRY, FREETOWN, SIERRA-LEONE, GRAND BASSA, CAP PALMAS, GRAND BASSAM, LES POPOS, ASSINIE, COTONOU, LAGOS, BONNY, OLD CALABAR, BATA, LIBREVILLE, LOANGO, BANANE et BOMA et facultativement aux autres ports de la CÔTE OCCIDENTALE D'AFRIQUE.

Retour à MARSEILLE par les ports de la CÔTE D'AFRIQUE dénommés ci-dessus.

Excellents aménagements pour passagers de toutes classes.

Les départs de Marseille ont lieu tous les mois alternativement le 15 et le 25.

Les Départs de Libreville ont lieu tous les mois alternativement le 26 et le 30.

Pour tous renseignements, s'adresser : à MM. Fraissinet et C°, 6, place de la Bourse, à Marseille ; — à M. Ach. Neton, 9, rue de Rougemont, à Paris ; et à MM. F. Puthet et C°, quai Saint-Clair, 2, à Lyon ; — à M. R. Picharry, 40, quai de Bourgogne, à Bordeaux ; — à M. Mouton, agent général, à Libreville.

II. PARIS

Industries diverses.
Établissements d'instruction
Hôtels, Restaurants et Cafés.

Hors concours, Membre du Jury
EXPOSITIONS UNIVERSELLES
Paris 1878 et 1889.

1855 1867

MAISON
DE LA

BELLE JARDINIÈRE

2, rue du Pont-Neuf, 2,

PARIS

HABILLEMENTS tout FAITS et sur MESURE

Pour HOMMES, JEUNES GENS et ENFANTS

CHAPELLERIE — CHAUSSURES — BONNETERIE — CHEMISERIE

VÊTEMENTS DE TRAVAIL

EXPÉDITION EN PROVINCE

FRANCO contre remboursement au-dessus de 25 FR.

Succursales : LYON, MARSEILLE, NANTES, ANGERS

A Paris, au coin des rues de Clichy et d'Amsterdam.

RAYON SPÉCIAL POUR VÊTEMENTS ECCLÉSIASTIQUES.

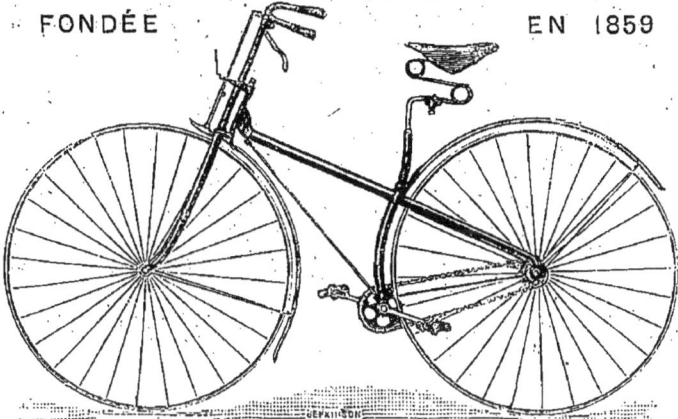

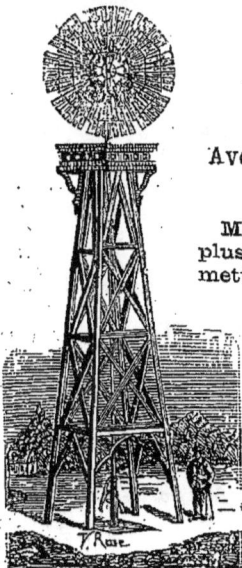

GRAND VÉFOUR

CAFÉ DE CHARTRES

RESTAURANT de premier ordre

Attenant au théâtre du Palais-Royal par le péristyle de Joinville

HERBOMEZ, Propriétaire

79 A 82, PALAIS-ROYAL

Entrée des Voitures : 17, Rue de Beaujolais

PARIS

EXTINCTEUR AUTOMATIQUE FRANÇAIS

PARIS — 17, Rue des Messageries, 17 — PARIS

Exposition et Concours de PANTIN 1886, Prix unique

Système Ch. BLON, breveté en France et à l'Étranger

MÉDAILLE DE VERMEIL A L'EXPOSITION DU TRAVAIL, 1885

PROMPT SECOURS
infaillible
toujours prêt

SALUT DES MAISONS
Magasins,
Monuments publics,
Usines, etc.

Extincteur perfectionné débarrassé de tous ses accessoires. — Appareils portatifs à main et à dos. — Appareils sur roues à 2 cylindres, à jet continu et à plateau mobile, pouvant se transporter facilement.

Adopté par les Grandes Compagnies de Chemins de Fer français et étrangers, les Ministères, l'Assistance publique, les grands Magasins, Usines, Minoteries, G\dus Banques, et la Ville de Paris.

LIQUIDE INOFFENSIF sans acide sulfurique

Charges pour tous systèmes d'extincteurs

Sur demande : Envoi franco de Prospectus et Dessins.

MME ROBIN

Paris — 7, rue du Colisée, 7 — Paris

Pension de famille de premier ordre spécialement recommandée aux familles Françaises et Étrangères, par sa belle situation (aux Champs-Élysées), son grand confort, sa bonne table et son service très soigné.

DE 7 A 12 FRANCS PAR JOUR
First class family House
Highly recommended by English and Americans.

PENSION DE FAMILLE FRANÇAISE
Mme Vve LE CHAUFF & Cie
Paris — 18, rue Clément-Marot, 18 — Paris

Maison spécialement recommandée par son confort et sa belle situation près des Champs-Élysées. — Appartements avec ou sans pension. — Chambre et pension depuis 50 fr. par semaine. — Un professeur de français est attaché à la maison.

PENSION DE FAMILLE

Paris, 7, RUE CLÉMENT-MAROT, 7, Paris
(*Avenue Montaigne*)

La plus élégante maison de famille de tout Paris, spécialement recommandée aux familles françaises par sa belle situation, près du rond-point des Champs-Élysées, son confort et sa table très soignée. — Salon de conversation. — Salles de bains. — Ascenseur. — Calorifère.

FIRST CLASS FAMILY HOUSE

MME ET MLLE BUSSON
Diplôme supérieur Académie de Paris.
27, Rue Marbeuf (CHAMPS-ÉLYSÉES)

Élégante maison, tout particulièrement recommandée aux familles par sa situation, son confort et sa bonne table. — Conversation française. — Chambres et pension. — Prix modérés. — First class family House.

SAINT-CLOUD A 20 MINUTES DE PARIS
PENSION DE FAMILLE

A 3 minutes de la gare conduisant au centre de Paris, 5 minutes de la gare allant à la Chambre des députés. — Bateau et Tramway.

Maison très confortable. Beau Parc
TRÈS BONNE TABLE
depuis 10 fr. par jour
42, ROUTE NATIONALE
Mme PERCEVAL, Propriétaire

HOTEL CONTINENTAL

Paris, 3, rue Castiglione, en façade sur le Jardin des Tuileries, Paris.

HOTEL CONTINENTAL. — 600 chambres et salons de 5 à 35 fr.

ARGELES-GAZOST

Près LOURDES (Hautes-Pyrénées)

Au centre de la plus belle vallée des Pyrénées (Altitude 427 mètres). — **Casino, Cercle, Théâtre, Orchestre J. DANBÉ** (Artistes de l'Opéra-Comique). — Saison du 15 avril au 1er décembre. — **Etablissement thermal** (Grande Source, Source Noire). — Eaux sulfurées, sodiques, chlorurées, iodo-bromurées. — Traitement des maladies des voies respiratoires. — Vices du sang, Lymphatisme, Scrofule, Chlorose, Anémie, Dyspepsies stomacales et intestinales, Herpétisme, Maladies de la peau, Maladies nerveuses.

AULUS

ÉTABLISSEMENT THERMAL

J. CHABAUD, CAMPREDON et Cie, propriétaires

SAISON THERMALE DU 1er JUIN AU 1er OCTOBRE

Les eaux d'Aulus sont des plus dépuratives pour les maladies du sang, de la peau, eczéma, des reins, de la vessie, arthritisme, rhumatisme, goutte, gravelle, de l'estomac, des intestins, du foie, affections hémorroïdales. — De grandes améliorations ont été apportées à l'établissement thermal, notamment l'installation de l'hydrothérapie. — **Eau de Table pour Anémie, Chlorose, appauvrissement du sang.**
On se rend à Aulus par Toulouse, Boussens et Saint-Girons.

GRAND-HOTEL

Ouvert toute l'année.

Mme Veuve ANTONIN CALVET, propriétaire

Hôtel de premier ordre à prix modéré. — **Le seul situé en face de l'établissement thermal.** — Très recommandé. — Position exceptionnelle. — Grand confortable. — **Clientèle d'élite.** — Cuisine et service irréprochables. — Vieille cave. — Bibliothèque. — Grand Salon pour famille. — Terrasse très ombragée. — Café. — *Poste et Télégraphe.*
Éclairage électrique.
S'adresser, pour les voitures, à M. RAUCH. correspondant du chemin de fer et du Grand-Hôtel, **à la gare de Saint-Girons.**

AVIGNON

HOTEL CRILLON

Avenue de la Gare, à une minute.

Chambres et appartements très confortables. — Robinet d'eau dans toutes les chambres. — Cuisine très soignée. — Vins authentiques. — Vaste jardin avec restaurant d'été. — **Prix : depuis 8 fr. par jour.** — Maison spécialement recommandée aux touristes et aux familles. — *Éclairage électrique.* — **H. PONS**, propriétaire.

CANNES

COSMOPOLITAIN-HOTEL

PRÈS LE CERCLE NAUTIQUE

Exposition en plein Midi. — Grand jardin. — Installation nouvelle. — Grand confortable moderne. — **Recommandé pour sa cuisine très soignée.** — A. WEHRLE, Propriétaire.
Saison d'été : HOTEL BELLE-VUE, PLOMBIÈRES (Vosges).

HOTEL DES PINS

MAISON DE PREMIER ORDRE

Abritée des vents par une forêt de pins. — Restaurant. — **Vaste jardin.** — Ascenseur. — Téléphone. — Service spécial de voitures pour la promenade et la ville.

HOTEL RICHELIEU

EXPOSITION EN PLEIN MIDI

Sur la Plage, en face de la Poste. — Vue des Iles et des Montagnes de l'Esterel. — Pension depuis 8 fr. par jour, vin compris, et arrangements pour séjour prolongé. — *English spoken.*
A. CHABAUD-RIX, PROPRIÉTAIRE

HOTEL NATIONAL ET DES ILES

SITUATION CENTRALE

Vue splendide sur la mer et les monts de l'Esterel. — Maison confortable. — Cuisine française et belge recommandée, faite par l'un des propriétaires. — **Pension depuis 8 fr. par jour.** — Restaurant à la carte.—C. LUERQUIN et E. DEWULF, propriétaires du **Parc aux huîtres** et de l'**Hôtel du Phare**, à Blankenberghe (Belgique).

CARCASSONNE

GRAND HOTEL Sᵀ-JEAN-BAPTISTE

Boulevard du Jardin-des-Plantes

Maison de premier ordre, très recommandée aux familles pour son excellente cuisine, sa propreté méticuleuse et son grand confortable. — *Omnibus à tous les trains.* — LANDAUS POUR VISITER LA CITÉ. — **Paul RICARD**, propriétaire.

CAUTERETS

HOTEL DES AMBASSADEURS

LOUIS DÉROY

Table d'hôte. — Restaurant à la carte. — Cuisine et cave soignées. — Appartements confortables. — Salon de compagnie. — **Prix modérés.**
Ouvert du 1ᵉʳ mai à fin octobre.

Charbonnières-les-Bains

Près LYON

SPA FRANÇAIS

EAUX MINÉRALES FERRUGINEUSES

Très efficaces

contre la **Chlorose**, l'**Anémie** et les **Maladies de la Peau.**

ÉTABLISSEMENT THERMAL DE 1er ORDRE

Médecin-Inspecteur : Dr GIRARD

Charbonnières est un village très pittoresque, à 9 kilomètres de Lyon, et dont les communications sont facilitées par de nombreux trains partant de la gare Lyon-Saint-Paul.

La source d'eau minérale a été découverte, en 1774, par l'abbé de Marsonnat.

Les piscines sont remarquables par leur installation et leur contenance.

Hôtels et Restaurants confortables. — Prix modérés.

GRAND CASINO KURSAAL

Ouvert du 1er Mai au 1er Novembre.

Salle de fête, Salon de lecture et de récréation. — Opéras-Bouffes, Opérettes et Comédies.

CAFÉ RESTAURANT DU CASINO

TRAIN SPÉCIAL DU CASINO

Partant de Lyon-Saint-Paul à 7 heures 30

Retour à minuit.

Les voyageurs et touristes, de passage à Lyon, trouveront à Charbonnières tout ce qu'il faut pour se divertir et se reposer des fatigues du voyage.

ÉPERNAY
(MARNE)

CHAMPAGNE

E. MERCIER & CIE

AU CHATEAU DE PÉKIN

PRÈS ÉPERNAY

Immenses Caves très curieuses à visiter,
les plus grandes de la Champagne

(15 KILOMÈTRES DE LONGUEUR)

Production annuelle moyenne : 5 millions de Bouteilles

DEMANDER LA MARQUE

E. MERCIER & Cie

(30 Premières Médailles. 15 Diplômes d'honneur)

MEMBRES DU JURY DANS DIFFÉRENTES EXPOSITIONS
ET A L'EXPOSITION UNIVERSELLE DE PARIS 1889

Par suite d'un traité passé avec MM. HACHETTE ET Cie,
tout porteur du **Guide en Champagne**, passant à Épernay,
aura le droit de visiter les Caves de la Maison MERCIER et Ce.

UNE DES CURIOSITÉS DE LA VILLE

CONTREXÉVILLE
PAVILLON

Seule décrétée d'intérêt public. Débit : 200,000 litres en 24 heures
(TRAJET EN 8 HEURES DE PARIS, ET EN 17 HEURES DE LONDRES.)
Établissement situé dans un Parc superbe, récemment agrandi

TRAITEMENT EXTERNE

BAINS, DOUCHES CHAUDES ET FROIDES A GRANDE PRESSION, BOUCHES
DE VAPEUR TÉRÉBENTHINÉES, MASSAGE POUR HOMMES ET DAMES

PRINCIPALES MALADIES TRAITÉES A CONTREXÉVILLE

1° Toutes les gravelles urinaires : urique, oxalique, phosphatique, coliques
néphrétiques, pyélite et pyélo-néphrite calculeuse;
2° Atonie et catarrhe de vessie, prostatite subaiguë et chronique;
3° Uréthrite chronique, rétrécissements dilatables;
4° Dyspepsies, gravelle biliaire, coliques hépathiques, constipation;
5° Goutte articulaire et viscérale, diabète goutteux;
6° Maladies du foie.

SAISON DU 20 MAI AU 20 SEPTEMBRE

MUSIQUE DANS LE PARC MATIN ET SOIR

CASINO AVEC SALLE DE SPECTACLE

Salons de jeux et de conversation, Théâtre, Concerts, Bals
Représentation, Bal ou Concert tous les soirs.

JEUX DIVERS DANS LE PARC

*Télégraphe, Bureau de Poste, grand Hôtel de l'Etablissement dans le parc
et nombreux Hôtels et Maisons meublées.*

ADRESSER LES DEMANDES D'EAU

Soit au Directeur de l'Etablissement, à Contrexéville;
Soit au Siège de l'Administration, rue de la Chaussée-d'Antin, 6, à Paris;
Soit au Dépôt central, boulevard des Italiens, 31, à Paris.

EXPÉDITIONS DANS LE MONDE ENTIER

CHAMBÉRY

HOTEL DE FRANCE

ÉTABLISSEMENT DE PREMIER ORDRE
(A proximité de la gare et des promenades)

Conserves alimentaires. — Médailles à toutes les Expositions. — Omnibus à tous les trains. — **L. REYNAUD**, Successeur.

G^D HOTEL DE LA POSTE & MÉTROPOLE

RUE D'ITALIE

H. DUCLOZ, Propriétaire

Cet hôtel, situé au centre de la ville et des affaires, se recommande pour son confort et ses prix modérés. — Arrangement pour séjour prolongé. — Départ pour la Grande Chartreuse, voitures à volonté, aller et retour dans la même journée. — Itinéraire pour excursions.

OMNIBUS DE L'HOTEL A TOUS LES TRAINS

Correspondant de l'agence **Lubin**, des voyages économiques et des sociétés de chemins de fer

DIEPPE

GRAND HOTEL

Sur la plage. — En face de la mer. — Établissement de premier ordre. — Téléphone.

G. DUCOUDERT, Propriétaire

GRAND HOTEL DU GLOBE

Près la mer, le Casino et les Paquebots. — Recommandé aux familles pour son excellente tenue, sa table d'hôte renommée et sa cave de premier ordre. — 100 chambres. — Restaurant à la carte. — Pension depuis 7 francs. — *Omnibus à tous les trains.* — Interprètes. — Pas de surprise.

COURTEILLE, Propriétaire.

DIJON

MOUTARDE EXTRA

A. BIZOUARD

La meilleure du Monde

FOURNISSEUR DE LA COMPAGNIE GÉNÉRALE TRANSATLANTIQUE

Diplôme d'honneur Exp. de Marseille 1891. — Hors concours Exp. de Lyon 1891

GRENOBLE

GRAND-HOTEL

J. PRIMAT, propriétaire-directeur

Le plus central. — De 8 à 12 francs par jour.
Mᵐᵉ PRIMAT parle anglais et italien.

SUCCURSALE DE L'HOTEL A AIX-LES-BAINS

HAVRE (Le)

GRAND-HOTEL & BAINS FRASCATI

Ouvert toute l'année. — *Seul hôtel du Havre situé au bord
de la mer.* — **300 chambres et salons.** — Magnifique galerie
sur la mer. — Concerts par l'orchestre Frascati et la musique
militaire pendant la saison. — Soirées dansantes et bals d'enfants.
— Grand jardin avec gymnase. — Arrangements pour familles.—
— Lumière électrique.

TABLE D'HOTE ET RESTAURANT—OMNIBUS ET VOITURES A L'HOTEL

Bains chauds à l'eau douce et à l'eau de mer.

HYDROTHÉRAPIE. — BAINS A LA LAME

Cercle Frascati ouvert toute l'année.

LIMOGES

GRAND HOTEL DE LA PAIX

J. MOT. — Place Jourdan, en face du Palais de la Division militaire. Établissement de premier ordre, construit récemment, meublé avec élégance et confortable. — *Situé le plus près de la gare, sur la plus belle place de la ville.* — Omnibus à la gare. — Recommandé aux familles et aux négociants.

LYON

GRAND HOTEL DE LYON

Place de la Bourse

Situated in the finest part of the city. — Grand confortable. — Chambres depuis 3 fr. — Pension depuis 10 fr. par jour, tout compris. — *Ascenseur.* — Hôtel de premier ordre. — *Family Hotel.*

G^D HOTEL COLLET ET CONTINENTAL

LE MEILLEUR ET LE MIEUX SITUÉ DE LA VILLE

Près la place Bellecour, le bureau de Poste et le Télégraphe

Ascenseur Edoux à tous les étages. — Chambres et Salons depuis 3 fr. jusqu'à 20 fr. — TABLE D'HÔTE. — Restaurant à la carte à toute heure, et service particulier.

Pension depuis 10 fr. par jour, tout compris

Cour splendide

Salon de conversation. — Fumoir. — Bains. — Téléphone. Interprètes.

Omnibus de l'hôtel à l'arrivée des trains. — Voitures à volonté.

GRAND HOTEL DU GLOBE

LOMBARD

Rue Gasparin, près la place Bellecour

Installation moderne, offrant aux familles de confortables appartements au rez-de-chaussée et à tous les étages. — 110 chambres pour voyageurs à différents prix. — Cabinet de lecture et fumoir. — Salon de conversation avec piano. — Table d'hôte et service particulier. — Interprètes. — *Omnibus à la gare.*

Prix modérés.

GRAND HOTEL D'ANGLETERRE

Place Perrache

Etablissement de premier ordre, le plus près de la gare de Perrache. — Interprètes. — Appartements pour familles. — Billets de chemin de fer à l'hôtel. — *Coupons de l'Agence Gaze.*

VUE GÉNÉRALE DE L'USINE PICON À MARSEILLE.

MARSEILLE

BOUILLABAISSE

Pâtés de Thon truffés

CAFÉ-RESTAURANT BODOUL

Rue Saint-Ferréol

Spécialité de **Bouillabaisse fraîche, expédiée en boîtes en France et à l'étranger.** La boîte pour 6 personnes, **12 francs**, franco.

La Bouillabaisse doit être mangée *tout au moins dans les quarante-huit heures après son arrivée.*

Toute boîte est accompagnée d'un prospectus explicatif.

Pâtés de Thon truffés pour 10 personnes, **20 francs.** Ces pâtés se conservent de six à huit jours.

CES DEUX SPÉCIALITÉS SONT TRÈS RECOMMANDÉES.

Bodoul est, du reste, la plus ancienne maison de Marseille dans son genre. C'est toujours le nom en réputation, en grande vogue, réputation d'ailleurs méritée, car c'est une maison de toute confiance.

Adresse : BODOUL MARSEILLE

Nota. — Les expéditions de Bouillabaisse et de Pâtés de Thon se font pendant la saison froide, d'octobre en avril.

Type **B** — 4

MARSEILLE

GRAND HOTEL NOAILLES

Rue Noailles, 24, Cannebière prolongée

Le plus vaste
et
le plus
important
de
Marseille

Jardin au midi
entouré
de
salons
de
restaurant

Ascenseur hydraulique. — Téléphone.

Billets de chemin de fer délivrés par l'hôtel. — Les voitures entrent à couvert dans la maison. — Omnibus à tous les trains.

Prix modérés. — Tarif dans chaque appartement.

Charles RATHGEB, directeur-gérant.

G^d Hôtel du Louvre et de la Paix

RÉPUTATION UNIVERSELLE

LUMIÈRE ÉLECTRIQUE — TÉLÉPHONE. — 200 Chambres et Salons.

ASCENSEUR HYDRAULIQUE — Arrangements pour séjour prolongé.

N. B. — L'hôtel délivre des billets de chemin de fer.

Le seul des grands hôtels situé en plein midi. — Cannebière prolongée, à proximité de la gare et de l'embarcadère des paquebots. — Les voitures et les omnibus entrent par la cour d'honneur. — *Adresse télégraphique :* LOUVRE-PAIX, MARSEILLE. — **F. NEUSCHWANDER**, propriétaire.

ÉTABLISSEMENT THERMAL
DE
MOLITG
(PYRÉNÉES-ORIENTALES)

CLIMAT TRÈS DOUX — ALTITUDE 450 MÈTRES

EAUX SULFURÉES, SODIQUES, IODÉES

SUPÉRIORITÉ INCONTESTABLE POUR TOUTES LES
MALADIES DE LA PEAU

Nouvelle galerie de Bains — Installation très confortable
Saison du 1er mai au 1er novembre

Chemin de fer du Midi jusqu'à Prades. De Prades à Molitg, 7 kilomètres. Service de voitures et omnibus à tous les trains.
Télégraphe dans l'établissement.
Envoi gratis et franco de notices. S'adresser au Directeur.

MONT-DORE (Puy-de-Dôme)

Concession J. CHABAUD et Cie

Saison du 1er juin au 1er octobre. — Maladies des voies respiratoires, maux de gorge, laryngites, bronchites, asthmes, emphysème pulmonaire, affections oculaires externes, rhumatismales, cutanées. — **L'Eau du Mont-Dore est arsénicale.** — Grand Casino dans le parc. — Etablissements d'hydrothérapie. — **Représentation théâtrale** ous les jours. — Deux Concerts par jour dans le parc. — Cercle. — *Trois millions doivent être dépensés* pour mettre le Mont-Dore à la hauteur des premiers établissements du même genre.

MONACO

SAISON D'HIVER ET SAISON D'ÉTÉ
30 MINUTES DE NICE. — 15 MINUTES DE MENTON

LE TRAJET DE PARIS A MONACO SE FAIT EN 24 HEURES
DE LYON EN 15 HEURES, DE MARSEILLE EN 7 HEURES
DE GÊNES EN 5 HEURES

Parmi les **Stations hivernales** du Littoral méditerranéen, **Monaco** occupe la premi e place par sa position climatérique, par les distractions et les plai irs élégants qu'il offre à ses visiteurs et qui en ont fait aujourd'hui le rendez-vous du monde aristocratique.

La te pérature, en été comme en hiver, est toujours très tempérée, grâce à la brise de mer qui rafraîchit constamment l'atmosphère.

Monaco possède un vaste établissement de **Bains de mer**, ouvert toute l'année, où se trouvent également des salles pour l'hydrothérapie. — Le fond de la plage est garni de sable fin. — Le **Casino** de **Monte-Carlo**, en face de **Monaco**, est remarquable par ses salles de jeux spacieuses et bien ventilées, par ses élégants salons de lecture et de correspondance.

Pendant toute la saison d'hiver, une nombreuse troupe d'artistes d'élite y joue, plusieurs fois par semaine, l'**Opéra**, l'**Opéra Comique**, la **Comédie**, le **Vaudeville**, etc.

Des **Concerts** classiques, dans lesquels se font entendre les premiers artistes d'Europe, ont également lieu pendant toute la saison. — L'orchestre du Casino, composé de 70 exécutants de premier ordre, se fait entendre deux fois par jour pendant toute l'année.

TIR AUX PIGEONS DE MONACO
OUVERTURE VERS LE 15 DÉCEMBRE
CONCOURS SPÉCIAUX ET TIRS D'EXERCICE
GRANDS CONCOURS INTERNATIONAUX EN JANVIER ET MARS
Pendant les Courses et les Régates de Nice

POULES A VOLONTÉ, TIRS A DISTANCE FIXE, HANDICAPS

HOTEL DE PARIS
UN DES PLUS SOMPTUEUX DU LITTORAL MÉDITERRANÉEN

HOTEL DES BAINS
ATTENANT A L'ÉTABLISSEMENT DES BAINS DE MER

NICE

LE GRAND HOTEL DE L'ÉLYSÉE

PROMENADE DES ANGLAIS

Situé en plein Midi. — 150 chambres et salons. — Vaste jardin. Ascenseur, Billard, Fumoir, Bains. — *Etablissement de tout premier ordre.*

CHATEAU DES BEAUMETTES

Etablissement élégant et confortable, possédant de magnifiques jardins. — Appartements pour familles, richement meublés, en plein soleil. — Salons, Bains, Billard, etc. — **Table d'hôte de premier ordre,** à 11 h. 1/2 et 6 h. 1/2. — Restaurant. — **Pension complète depuis 15 fr.** — Arrangement pour séjour.
Adresse télégraphique : CHATEAU BEAUMETTES NICE

GRAND HOTEL PARADIS

BOULEVARD VICTOR-HUGO

Hôtel de premier ordre. — Plein midi. — Grand confortable. — Cuisine renommée. — Arrangements pour séjour prolongé. — **Bains.** — Ascenseur. — **H. SCHURMEIER, Directeur.**

HOTEL D'ANGLETERRE

PREMIER RANG

Jardin public et promenade des Anglais

Plein Midi. — Vue de la mer. — 150 chambres et salons. — Cuisine excellente. — Service silencieux. — *Ascenseur hydraulique.*

HOTEL DE BERNE

(BERNERHOF)

AVENUE THIERS

À gauche et à une minute de la gare. — Ouvert toute l'année. — Bonne maison recommandée aux familles pour son confortable et sa direction. — Pension depuis 8 fr. — Transport des bagages gratuit à l'arrivée et au départ. — **J. KAISER,** PROPRIÉTAIRE.

HOTEL D'INTERLAKEN

Avenue Durante (en face la gare et les tramways)

Plein Midi. — Installation complètement neuve et moderne. — Cuisine et cave recommandées. — Pension depuis 7 francs.
ANDRÉ, Propriétaire

VERNET-LES-BAINS

ÉTABLISSEMENTS THERMAUX OUVERTS TOUTE L'ANNÉE

Installation réalisant le summum du progrès scientifique et du confortable

A 11 kilomètres de Prades, station du chemin de fer, qui incessamment arrivera jusqu'à Villefranche de Conflent, à 4 kilomètres de Vernet

GRANDS HOTELS de premier ordre, tous appartenant à l'établissement

VOITURES pour excursions.

VUE DU CASINO

Vernet-les-Bains mérite plus que toute autre station thermale le titre de Reine des Pyrénées. Cette ravissante station balnéaire s'est encore embellie dans ces dernières années, grâce aux efforts intelligents de la nouvelle direction, qui a dépensé des millions pour en faire le centre du high-life international.

SAISON D'ÉTÉ — Maladies traitées avec le plus grand succès : *Anciennes blessures, Névralgies, Maladies de la peau, des muqueuses, des organes génitaux des deux sexes, Maladies de l'utérus, Chlorose, Bronchite, Laryngite, etc.*, etc., et en général toutes les maladies traitées à Cauterets et à Luchon.

SAISON D'HIVER. Sanatorium du Canigou, unique en France : *Affections lymphatiques, Tuberculoses chirurgicales, Tumeurs, Scrofules, Maladies cutanées.* — **Affections des voies respiratoires** : *Laryngites, Bronchites chroniques.* — Orientation du Sanatorium au sud-ouest. — **Traitement spécial par la cure d'air des affections pulmonaires chroniques, phtisie**, etc.

A quelques minutes du Sanatorium, les personnes qui accompagnent les malades, en passant le pont jeté sur le Cady, dont les eaux séparent le Sanatorium de Vernet-les-Bains, trouveront toutes les distractions d'une élégante station thermale. — Magnifique Casino où l'on joue la comédie et l'opérette. — Rien n'a été négligé pour distraire le touriste. — Service tri-hebdomadaire entre Vernet et Ax-les-Bains (Ariège), et *vice-versa*.

Type **B** — 4**

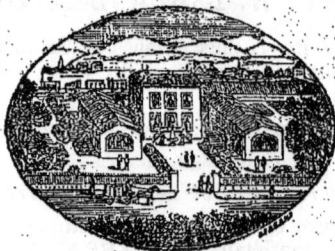

IV. — PAYS ÉTRANGERS

GRANDE-BRETAGNE—BELGIQUE—ESPAGNE—SUISSE ITALIE—ALGÉRIE

LONDRES

BELGIQUE

BRUXELLES

GRAND HOTEL

Ed. DUBONNET, propriétaire
21, boulevard Anspach, 21

L'hôtel vient d'être complètement réparé. — 250 chambres et Salons. — Table d'hôte et Restaurant. — Café, Fumoir, Salon de conversation. — **Ascenseur.** — Bains, Café et Salle de billards. — Bureau de chemin de fer, Poste et Télégraphe, Cabine téléphonique, éclairage électrique dans tous les appartements. — *Omnibus à tous les trains.*
Chambre noire et **Laboratoire de Photographie** sont à la disposition des voyageurs amateurs.

SPA

GRAND HOTEL DE L'EUROPE

M. HENRARD-RICHARD, propriétaire

Maison de tout premier ordre, dans une situation spéciale, au centre de tous les Établissements. — Grands Salons de table d'hôte et de conversation. — Fumoir, etc.; en un mot, **le plus grand confort y règne.** — Omnibus de l'hôtel à la gare.

GRAND HOTEL DE BELLEVUE

MAISON DE PREMIER ORDRE

Magnifique situation sur la promenade, près l'**Établissement des Bains.** — **Jardin avec accès du Parc.** — *Omnibus à tous les trains.*
ROUMA, propriétaire.

ESPAGNE

MADRID

GRAND HOTEL DE LA PAIX

Tenu par J. CAPDEVIELLE et Cᵉ
11 ET 13, PUERTA DEL SOL, 11 ET 13

Etablissement de premier ordre, au centre de Madrid. — Cuisine française. — Cave garnie des premiers vins d'Espagne et de l'étranger. — Cabinet de lecture, salons de réunion, salles de bains, voitures de luxe et interprètes. — Grands et petits appartements meublés avec luxe. — **Prix modérés.**

GRAND HOTEL DE L'ORIENT

Puerta del Sol y calle Arenal, 4

Ce magnifique Etablissement, situé au centre de la ville, est, comme installation, à la hauteur des meilleurs hôtels. — Magnifiques appartements et chambres luxueuses pour familles. — Salons de lecture; Billard; Bains; Ascenseurs; Voitures aux gares. — *Prix très modérés,* depuis 7 fr. 50 par jour.

GENÈVE

Tout le monde connaît Genève de nom, tout le monde devrait la connaître de fait.

Genève offre aux touristes l'attrait de son lac merveilleux, de ses environs enchanteurs, et présente tous les avantages de la grande ville, sans les inconvénients inhérents aux capitales populeuses. Le **Théâtre**, les **Concerts**, les **Musées**, la **navigation de plaisance**, les **promenades-concerts** sur le lac, constituent de précieux éléments de distraction.

Les étrangers, désirant faire à *Genève* un **séjour prolongé** trouveront les plus grandes facilités et les ressources les plus complètes pour leurs études personnelles et l'éducation de leurs enfants. Confort parfait, dans les nombreux hôtels et pensions, pour toutes les situations de fortune. **Villas à louer pour familles.**

Le climat de *Genève* est réputé comme l'un des plus salubres de l'Europe. Bains confortablement aménagés sur le Lac et sur le Rhône. Traitement par l'**Eau d'Arve**, des affections nerveuses et rhumatismales, de l'anémie, de l'épilepsie, etc. **Établissements hydrothérapiques** de premier ordre.

Genève est le point de départ des bateaux pour le tour du Lac, ainsi que des trains pour la Suisse, Évian-les-Bains, Chamonix et le mont Blanc.

Genève est la métropole incontestée de l'*horlogerie* et de la **bijouterie**. Elle possède, en outre, de nombreuses fabriques de **boîtes à musique**, des **tailleries de diamants**, etc.

Le **Bureau de renseignements** officiels, quai du Mont-Blanc, nº 5, *fournit gratuitement,* oralement ou par correspondance, des renseignements sur les ressources qu'offre *Genève* en matière d'instruction, d'éducation, sur les courses et excursions, le commerce et les industries du pays. Il reçoit les réclamations et s'efforce, par tous les moyens en son pouvoir, de rendre le séjour de *Genève* agréable aux étrangers.

Le Bureau est ouvert tous les jours, sauf le dimanche, de 10 heures à midi et de 2 à 4 heures.

VINS

DE

SAINT-ÉMILION

Vins classés de **800** à **250** fr. la barrique de 2 5 litres. Moitié prix pour la 1/2 barrique de 112 litres.

Vins grands ordinaires, de **150** fr., **130** fr., **110** fr. la barrique; **80** fr., **70** fr., **58** fr. la 1/2 barrique. Rendu franco en gare et régie, sauf octroi.

Adresser commandes à M. DUPLESSIS FOURCAUD, à *Saint-Émilion.* — Envoi de prix courant et échantillons gratuitement sur demande affranchie.

MÉDAILLE D'OR, PARIS 1867 ET 1889

AMSTERDAM (HOLLANDE)

CURAÇAO ET ANISETTE

DE LA MAISON

ERVEN LUCAS BOLS

Fabrique T. LOOTSJE, fondée en 1575, à Amsterdam.

La seule **Maison d'Amsterdam** ayant obtenu la plus haute récompense à l'Exposition de Vienne, Médailles or et argent à diverses Expositions. — Seul dépôt à **Paris, 32, Boulevard des Italiens**, et dans les principales maisons de Paris et des départements.— *Médailles d'or et d'argent à l'Exposition universelle de Paris 1878; Diplôme d'honneur : Amsterdam 1883.*

AURILLAC

USINE A VAPEUR

MAISON AUG. GAFFARD, A AURILLAC

Aperçu de quelques produits spéciaux ayant obtenu les plus hautes récompenses dans toutes les Expositions où ils ont figuré. — Gland doux Néomoka, pseudo-cafés hygiéniques, remplaçant avantageusement le café des Iles. — Mélanogène, poudre pour cuœres noire, violette, rouge et bleue. — Muricide phosphoré pour la destruction des rats. — Extraits saccharins pour l'obtention rapide des liqueurs de table.—Lustro-cuivre.—Oxyde d'aluminium pour affiler les rasoirs. — Poudre vulnéraire vétérinaire. — Produits spéciaux divers. — Usine à vapeur et Maison d'expédition, enclos Gaffard, à Aurillac (Cantal). — Envoi de notices détaillées sur demande affranchie. — Conditions spéciales pour d'importantes commandes.

GUIDES JOANNE

MONOGRAPHIES

Volumes in-16, brochés, avec gravures et plans

1ʳᵉ SÉRIE A 50 CENTIMES

ANGERS.	MENTON.
ARLES.	NANCY.
AVIGNON.	NANTES.
BLOIS.	NICE.
CAEN.	NIMES.
CANNES.	PLOMBIÈRES.
CHARTRES.	REIMS.
GÉRARDMER.	ROUEN.
ILES ANGLAISES.	SAINT-MALO, DINARD.
LE HAVRE.	TOURS.
LE MANS.	

2ᵐᵉ SÉRIE A 1 FRANC

ARCACHON.	LYON.
BORDEAUX.	MARSEILLE.
LA HAYE, SCHEVENINGUE.	TROUVILLE.

16671. — Typ. A. Lahuré, Paris.

www.ingramcontent.com/pod-product-compliance
Lightning Source LLC
Chambersburg PA
CBHW071948110426
42744CB00030B/642